Frontières humaines

ANNE KATHERINE, M.A.

Frontières humaines

Délimiter son espace vital

Comment reconnaître et établir
des frontières saines

Traduit de l'américain et préfacé par
Suzie Rochefort, psychologue

SCIENCES ET *CULTURE*
MONTRÉAL

L'édition originale de cet ouvrage a été publiée sous le titre
BOUNDARIES. WHERE YOU END AND I BEGIN
How to recognize and set healthy boundaries

ISBN 1-56838-030-5

Conception de la couverture: ZAPP

Dépôt légal: 4e trimestre 1999
Bibliothèque nationale du Québec
Bibliothèque nationale du Canada

ISBN 2-89092-249-9

Éditions Sciences et Culture
5090, rue de Bellechasse
Montréal (Québec) Canada H1T 2A2
(514) 253-0403 Fax: (514) 256-5078
Internet: http://www.sciences-culture.qc.ca
E-mail: admin@sciences-culture.qc.ca

Nous reconnaissons l'aide financière du gouvernement du Canada par l'entremise du Programme d'Aide au Développement de l'Industrie de l'Édition pour nos activités d'édition.

IMPRIMÉ AU CANADA

À Sherry

Je suis heureuse d'exprimer ici
toute ma reconnaissance
à mes clientes et clients,
à ces personnes extraordinaires
qui m'ont donné la permission
de publier leur témoignage,
pour que ceux et celles qui souffrent
puissent trouver du réconfort.

Note de Éditions Sciences et Culture

La recouvrance

Nous avons traduit par “recouvrance” le mot américain *recovery*. Il nous est apparu nécessaire de le définir pour ceux qui ne sont pas familiers avec les divers programmes Douze Étapes dans les groupes de soutien.

Dans les livres en langue anglaise, on rencontre fréquemment l’expression “la recouvrance est un processus” (*recovery is a process*). La lecture d’ouvrages sur le sujet nous a permis de préciser tout le champ notionnel du mot “recouvrance”.

> La recouvrance est un lent et graduel processus de prise de conscience, d’acceptation et de changement qui amène une personne à rétablir sa santé physique, à équilibrer sa vie émotionnelle, à réhabiliter son état mental et à reconnaître l’existence d’un pouvoir spirituel.
>
> L’individu, en se joignant à un groupe de soutien, adopte progressivement les principes d’un Programme Douze Étapes pour restaurer sa dignité humaine et redevenir un être humain entier.

Note de Hazelden

Hazelden Educational Materials publie divers documents sur la dépendance chimique et autres domaines connexes. Nos publications ne représentent pas nécessairement l'opinion officielle de *Hazelden* ou de ses programmes, ni ne prétendent parler officiellement au nom d'aucune des organisations qui utilisent les Douze Étapes.

TABLE DES MATIÈRES

Bien clôturer pour bien voisiner.

– Robert Frost

PRÉFACE

Jamais un livre n'aura questionné avec autant de pertinence et d'autorité la notion de frontières humaines. Il renouvelle l'approche traditionnelle de ce concept et en élargit considérablement le sens et la portée.

En effet, l'auteure, Anne Katherine, montre qu'une frontière est beaucoup plus qu'une simple façon d'affirmer ses limites. C'est toute une manière de penser la vie et les relations que l'on entretient avec soi-même, avec ses proches et avec la société. Avec un réalisme saisissant, Anne Katherine révèle l'ampleur des souffrances morales de ceux et celles qui ne savent pas maintenir des frontières saines. En revanche, elle montre comment on peut apprendre à tirer parti de ses expériences passées pour établir des frontières solides, c'est-à-dire des frontières qui font preuve d'assez de souplesse pour s'adapter à tous nos besoins relationnels, et d'assez de rigidité pour nous protéger des agressions, de la négligence, voire de l'inconscience d'autrui — bref, des frontières humaines qui clarifient les limites du moi, qui garantissent des relations enrichissantes et qui président à l'avènement d'une véritable intimité.

La plus grande force d'Anne Katherine est sans doute de nous proposer une démarche qui ne se perd jamais dans des considérations d'ordre philosophique et qui reste toujours très près de la réalité du quotidien, de notre quotidien. C'est en effet à travers des histoires de cas, douloureux et passionnants témoignages, qu'elle précise peu à peu les diverses facettes du problème fondamentalement relationnel que posent les frontières humaines.

Quelle est donc, par exemple, la nature de la confusion qui nous habite parfois quand on essaie d'évaluer ce qui ne va pas dans une relation? Comment expliquer le fait que la plupart de nos relations amoureuses se terminent presque invariablement de la même manière? Pourquoi s'épuise-t-on à trouver des solutions qui ne viennent jamais? Qu'est-ce qui explique que je ne parviens pas à dire à ma mère que je ne veux plus qu'elle s'immisce sournoisement dans tous les domaines de ma vie pour me dicter ma conduite? Pourquoi suis-je paralysée par l'angoisse à l'idée d'affirmer une opinion différente devant mon conjoint ou mes collègues de travail?

On pourrait multiplier les exemples à l'infini. Si l'une de ces questions résonne familièrement à vos oreilles, nul doute que la lecture de *Frontières humaines* vous apportera beaucoup. Cet ouvrage, simple dans son approche et d'une inestimable valeur thérapeutique, s'adresse à tous ceux et à toutes celles qui ont de la difficulté à se faire respecter, qui dénigrent leurs sentiments, qui en minimisent l'intensité ou qui refusent carrément de reconnaître la force destructrice de certaines des émotions qui les habitent.

Mais comment parvenir à une meilleure gestion de ses propres frontières? Et tout d'abord, qu'est-ce donc qu'une frontière humaine?

Dans un premier temps — et toujours par le biais d'histoires de cas — Anne Katherine donne une vue d'ensemble de la notion de frontières humaines : « Ce sont des limites qui établissent une distinction entre soi et les autres. »

Le chapitre 2 précise la nature de ces limites : certaines frontières sont physiologiques, principalement définies par le toucher, d'autres sont émotionnelles, délimitées essentiellement par ce qui est jugé acceptable dans les comportements ou les paroles d'autrui. Anne Katherine définit ensuite la double nature des violations de frontières : violation d'ingérence (viol, inceste, empiètement émotif, etc.) et violation de distanciation. Ces notions seront examinées en profondeur au chapitre 7. Tout d'abord, Anne Katherine établit clairement — et c'est certes l'une des contributions les plus originales de l'auteure à la notion de frontières humaines — qu'une trop grande proximité de même qu'une trop grande distance entre individus peuvent constituer une violation de frontière.

La proximité voulue ou la distance souhaitable dans une relation est, bien sûr, tributaire du contexte dans lequel elle se produit. C'est l'objet du chapitre 3, où sont passés en revue différents types de contextes (amour, amitié, intimité, éducation des enfants, dépendance affective) qui président à l'évolution de la plupart des relations.

Le chapitre 4 s'adresse plus particulièrement aux femmes qui ont de la difficulté à faire respecter leurs frontières physiologiques. Il montre comment chaque abus mine l'intégrité de la personne, tout en proposant des moyens concrets pour sortir de l'impasse.

Beaucoup plus élaboré, le chapitre 5 examine la nature des frontières émotionnelles. Il affirme le droit d'être soi-même et montre quels dangers guettent ceux qui nient leurs émotions. Le chapitre 6 illustre la souplesse des frontières humaines, lesquelles ont le pouvoir de s'adapter pratiquement à toutes les situations qui nous sont données de vivre.

L'affligeante question des violations de frontières est reprise et développée au chapitre 7. Ces pages révèlent les terribles dommages que peuvent causer une parole, un geste, une attitude, un comportement, déplacés ou violents.

Le chapitre 8 constitue en quelque sorte la clé de voûte du livre : il propose une nouvelle définition de l'intimité. Il témoigne de la manière dont les frontières humaines influencent la nature des liens physiologiques et émotionnels qui nous rattachent aux autres. L'auteure démontre que l'intimité n'est possible que dans le respect de soi, de sa différence et, partant, du respect d'autrui.

Le chapitre 9 propose une méthode simple et efficace pour mettre de l'ordre dans ses frontières personnelles. Il aborde avec délicatesse le domaine des violations de frontières de l'enfance et formule des recommandations pour clarifier les frontières du présent. Aux lecteurs qui ont tendance à reporter indéfiniment la satisfaction de leurs besoins fondamentaux, je recommande plus particulièrement les premiers exercices de ce chapitre dont les bienfaits sont inestimables.

J'ouvre ici une parenthèse pour exhorter les lecteurs à ne pas se formaliser des élans féministes de la rhétorique de l'auteure. Il serait en effet dommage qu'une simple question d'idéologie empêche certains lecteurs de profiter de la richesse des idées et des solutions avancées dans ce merveilleux volume.

Tous ceux et celles dont les frontières ont par trop souvent été menacées, bafouées, affaiblies, sont condamnés à survivre. Et c'est justement par des frontières saines qu'ils apprendront à mieux se respecter, à élargir leurs horizons — bref, non plus à survivre mais à vivre — que je leur recommande de tout mon cœur la lecture de ce livre.

Que les propos d'Anne Katherine stimulent en vous le désir d'être pleinement vous-mêmes et vous propulsent dans l'action.

SUZIE ROCHEFORT
psychologue

PRÉAMBULE

La conscience de l'existence des frontières humaines est relativement nouvelle. Plusieurs courants d'idées ont présidé à sa naissance, ont contribué à son essor : d'une part, les récentes percées en psychologie appliquée, plus particulièrement dans le domaine des thérapies de groupe et des thérapies familiales, d'autre part, le témoignage d'un nombre grandissant de personnes en cours de recouvrance. Tout parcours comprend des essais, des tâtonnements, des maladresses, des erreurs. Ce processus a finalement permis de déterminer la nature des limites qui paraissent acceptables à certains types de relations.

◆ 1 ◆

La démarcation

Le témoignage de Laura : l'absence de toucher et ses conséquences

Je suis née un mois avant terme. À l'époque, on enfermait les bébés prématurés dans un incubateur et on les laissait seuls. En imagination, et grâce aux souvenirs que j'ai glanés au cours d'une thérapie qui a duré des années, je peux aujourd'hui revivre ces premiers instants. J'aperçois d'abord une sorte de tunnel recouvert d'un verre transparent où pénètre l'éclat d'une lumière qui brille sans arrêt. Au-delà, des murs dénués et blancs. Je me sens isolée du reste du monde et j'ignore à qui j'appartiens. Le seul moment où l'on me touche, c'est pour me nettoyer.

J'ai récemment questionné ma mère pour savoir combien de temps elle me tenait dans ses bras à l'époque de ma naissance, quand nous étions à l'hôpital.

« Ben... tu étais toujours dans mes bras! »

J'insistai : « Combien d'heures par jour? » (Je ne me rappelais pas avoir été toujours dans ses bras.)

« Ben... chaque fois qu'on le permettait. »

Je m'obstinai : « Et on le permettait souvent? »

« Tu étais dans mes bras pour la tétée », avoua-t-elle, « vingt minutes, trois fois par jour. »

Une seule heure par jour au cours des trois premières semaines de mon existence : le petit être que j'étais savait que c'était nettement insuffisant.

L'absence de contact perdura. À six mois, mon père quitta ma mère qui me confia à mes grands-parents avant de s'éclipser pour un temps. Ils étaient des gens plutôt réservés. Au cours des années que j'ai vécu avec eux, je les ai peut-être vus s'embrasser une fois. Moi, ils ne me touchaient jamais.

À mes dix ans, ma mère se remaria et voulut que j'aille vivre avec elle. Elle travaillait de nuit et, le deuxième soir, mon beau-père vint dans ma chambre et se glissa dans mon lit.

On ne m'avait jamais touchée ni caressée, et voici que des mains tâtaient mon corps. Ça m'a donné la nausée. Quelque chose me disait que ce n'était pas bien, mais je n'avais jamais appris à être à l'écoute de mes sentiments; j'ignorais même que j'avais le pouvoir de dire non. Je me suis donc résignée.

Je me rappelle la première fois qu'un garçon m'a touchée. J'avais treize ans, il en avait seize. Nous assistions à un bal pour adolescents. La seule chose qui m'importait était que j'avais enfin un petit ami. Il m'a fait danser et m'a enlacée toute la soirée. Étais-je comblée? Étais-je émue? Non, j'étais terrorisée. Sa façon, pourtant saine, de me toucher me dégoûtait.

Il était pourtant un type bien qui savait tenir sa place et se montrer respectueux. Mais de sentir son bras autour de mes épaules me retournait l'estomac. La peur faisait battre mon cœur si fort que chaque pulsation résonnait à mes oreilles. Je n'ai tiré aucun plaisir de cette expérience pourtant saine : mon cœur battit la chamade tard dans la nuit, bien après que je fus rentrée chez moi. Je n'ai retourné aucun de ses appels. Je ne voulais plus le revoir. Jamais.

Le témoignage de Bernadette : le père militaire

Ma mère avait plus de quarante ans quand je suis née. Plus âgé qu'elle, mon père était militaire de carrière. À la maison, il donnait des ordres à tout un chacun, surtout à moi. Dès que j'ai commencé à fréquenter la maternelle, il entreprit d'avoir de longues et sérieuses conversations avec chacun de mes professeurs. Il surveillait mon alimentation, dirigeait mes jeux et, plus tard, questionna mes amis de près. Il m'enseigna la manière correcte de m'habiller, de m'asseoir, de me tenir debout; il m'inculqua enfin son sens du devoir, de l'obéissance et de la loyauté.

Mes premières règles nous laissèrent l'un et l'autre complètement désemparés. Jusqu'à ce jour, j'avais été une enfant modèle : impeccable, ma conduite avait la rigueur du plus parfait militaire. J'étais le fils que mon père n'avait jamais eu. En devenant femme, j'ai cessé d'être parfaite. Il ne m'en a jamais glissé mot, mais je sentais bien que sa déception était immense. J'ai donc arrêté de me nourrir. En peu de temps, je perdis tout attribut féminin et mes règles cessèrent. Ma mère s'en inquiéta; mon père, aucunement. Comme elle n'avait pas voix au chapitre, rien ne changea. Avec le temps, je maigris horriblement et j'éprouvai tant de difficulté à me concentrer que ma mère insista pour que je voie un docteur. Le médecin décréta aussitôt l'hospitalisation.

Mon père ne voulait pas que je sois éloignée de lui, mais les thérapeutes me déclarèrent anorexique et prescrivirent un traitement. Ils me forcèrent à manger. Je participais à un groupe thérapeutique et si quelque chose me dérangeait, je téléphonais aussitôt à mon père qui m'exhortait à ne pas les écouter. Il appela ma thérapeute pour essayer de la convaincre que je n'étais pas du tout malade. Il me relança tant et si bien que je finis par me persuader que ce séjour à l'hôpital était en fait ridicule. Ces gens racontaient n'importe quoi. Moi, je me sentais très bien, quoique mon père me manquait. Il avait besoin de moi. Il finit par venir me chercher. Il ne se soucia guère du fait que son assureur ne couvrirait plus les frais du traitement, puisqu'il faisait fi de l'avis des spécialistes. Ma présence à ses côtés n'avait tout simplement pas de prix.

Qu'est-ce qu'une frontière?

Les thérapeutes et les gens en recouvrance laissent souvent tomber ce mot. Mais quel sens lui donnent-ils vraiment? À quoi riment les témoignages de Laura et de Bernadette? Parlent-ils de frontières? À ce stade-ci, il semble que non, mais patience.

Comme l'aigle qui jouit en vol d'une vue panoramique, ce chapitre ne présente qu'une vue globale du phénomène. Nous approfondirons les détails plus loin, tout en faisant ressortir les principales facettes du sujet afin de permettre au lecteur de voir à la fois l'arbre et la forêt.

Chaque chapitre comporte des exercices. Amusez-vous. La plupart exigent peu de temps. Quelques-uns font appel à des tiers. Ils visent tous à ce que le corps et le cœur assimilent aisément les notions relatives aux frontières que l'esprit explorera en cours de lecture.

Une amibe n'est pas une tulipe

Mais qu'est-ce donc qu'une frontière? C'est une limite, une sorte de démarcation qui établit une distinction entre soi et les autres.

L'épiderme est une frontière. Ce qu'enveloppe votre peau traduit votre moi physiologique.

Tout organisme vivant est séparé des autres organismes vivants par une barrière. Une amibe, un oranger, une grenouille, un léopard, une bactérie, une tulipe, une tortue, un saumon, tous sont dotés d'une limite physiologique qui les distingue en propre, qui met en valeur leur unicité. Une blessure, un organisme extérieur pourront parfois corrompre l'intégrité d'une limite. La victime pourra même succomber si la blessure est grave, si l'offenseur fait preuve d'hostilité ou s'il est un organisme toxique. Une frontière physiologique intacte préserve la vie.

Chacune des composantes d'un organisme comporte aussi sa propre frontière. Un nerf est recouvert d'une gaine (ou membrane). Un os n'est pas un muscle. Dans le monde physique, les frontières sont légion. Si tel n'était pas le cas, au moment de s'asseoir, nous passerions à travers la chaise (qui nous traverserait) avant de nous étaler sur le plancher. Ainsi, le plancher nous avalerait à son tour. Et puis, la terre? Où tout cela s'arrêterait-il?

Une bulle invisible nous englobe

Si l'enveloppe corporelle marque la limite du moi physiologique, il en existe une autre située au-delà de cette dernière. Nous en prenons conscience lorsqu'une personne se tient trop près de nous. C'est comme si nous vivions à l'intérieur d'une bulle invisible qui délimite une zone où se mesure notre degré de confort. Cette zone peut varier. La distance tolérée pour un amoureux est parfois minime; celle accordée à nos amis est plus appréciable; pour des étrangers, elle est substantielle et si quelqu'un fait preuve d'hostilité, elle augmentera encore plus.

Il existe aussi des frontières qui relèvent de l'émotionnel, du spirituel, du sexuel et du relationnel. Vous êtes juge de ce qui est acceptable et sécuritaire pour vous. Il existe une frontière qui vous sépare des autres : elle définit votre spécificité, elle vous différencie d'autrui.

Qu'est-ce qu'une frontière émotionnelle? Chacun de nous ressent les choses et y répond à sa façon. Parce qu'elle est unique, notre réaction au monde est tributaire de notre manière de percevoir, de nos expériences particulières, de notre système de valeurs, de nos objectifs et de nos aspirations. Plusieurs ont des réactions semblables aux nôtres, mais personne ne réagit exactement comme nous.

Mon poids ne vous concerne en rien

Quand les messages touchent les émotions, une frontière dicte ce qui est acceptable ou sécurisant. Il m'est un jour arrivé de sortir d'une boutique du centre-ville pour tomber sur un étranger qui hurlait toutes sortes de slogans religieux. J'ai pivoté sur mes talons et j'ai pris la direction opposée. Je n'ai pas à supporter qu'on me crie après. J'accepte que des amis, ou ceux que j'aime, me témoignent de la colère quand elle est justifiée, mais encore là, c'est moi qui détermine la distance qui me sépare d'eux.

Il n'y a pas si longtemps, la propriétaire de l'immeuble où j'habitais avait pris l'habitude de faire des remarques sur mon poids, du genre : « Tiens, t'as encore grossi. »

J'ai toléré ces paroles par ignorance. Depuis, j'ai appris que personne n'a le droit de commenter mon corps. Aujourd'hui, je lui rétorquerais : « Ma taille ne vous concerne en rien et je vous prie de garder vos commentaires pour vous. » Si elle n'accédait pas à ma demande, j'insisterais. À l'avenir, je pourrais même décider de l'éviter. J'irais jusqu'à déménager si cela s'avérait nécessaire pour protéger l'intégrité de ma frontière émotionnelle.

Il fut un temps où mes clients pouvaient me dire n'importe quoi. Si leur besoin de manifester leur colère était imminent, je pensais qu'il était préférable qu'ils le fassent avec moi. Maintenant, je n'accepte plus de me sacrifier ainsi pour personne. Si un client me dit quelque chose de blessant, j'établis une limite. Si un autre éprouve de la colère envers moi, il peut m'en faire part. Mais une parole mesquine ou hostile ne profite ni aux relations ni aux individus. Si je laisse quelqu'un abuser de moi verbalement, je ne rends service ni à lui, ni à moi.

Cela est aussi vrai pour vous. La personne que vous laissez vous abuser ou vous dire des paroles blessantes n'est guère avancée. La limite que vous imposerez vous protégera nécessairement tous deux. C'est cette limite même qui fera évoluer votre relation.

Certaines frontières relèvent du spirituel. Vous seul êtes en mesure de déterminer la voie spirituelle qui vous convient. Une personne qui essaie de vous persuader qu'elle sait mieux que vous ce en quoi vous devez croire dépasse la limite du bon sens. Être éclairé est acceptable, être contraint ne l'est pas. La croissance spirituelle émane de la profondeur même de l'être.

D'autres frontières relèvent du sexuel; elles clarifient ce qui est acceptable et rassurant dans les comportements d'autrui. En ce domaine, nous avons l'entière liberté de choisir la personne avec qui nous désirons échanger et de déterminer exactement la nature de notre échange.

Il y a les frontières qui appartiennent au relationnel. Les rôles que nous sommes appelés à endosser portent en eux-mêmes les limites de nos échanges avec autrui.

Dans les chapitres qui suivent, nous explorerons et élargirons le sens des notions ici esquissées. Mais pourquoi donc parler de frontières? Pourquoi s'en préoccuper autant?

Les frontières mettent de l'ordre dans notre vie. Apprendre à les consolider, c'est accéder à une connaissance de soi accrue, à une lucidité qui clarifie nos relations interpersonnelles. Avoir de bonnes frontières signifie que nous aurons le pouvoir de déterminer l'attitude et le comportement de l'autre à notre égard. Positivement définies et assumées, elles nous assureront que nous saurons et pourrons nous protéger de l'ignorance, de la méchanceté, de l'inconscience des autres.

Le toucher nous indique là où je commence et là où je finis

Comment instaure-t-on ses frontières? Elles commencent à prendre forme au cours de l'enfance. Une famille équilibrée apprendra à un enfant à affirmer son individualité, qui est à la fois sa spécificité et ce qui le distingue des autres membres de sa famille.

En rapport avec les frontières, Bernadette (comme Laura d'ailleurs) s'est fait répéter les mêmes messages tout au long de son enfance. Son père l'empêchait de s'individualiser; il ne voulait ou ne pouvait pas concevoir qu'elle ait des valeurs et un style de vie différents des siens : il n'y avait entre eux aucune frontière. En ne ménageant aucun effort pour l'amener à penser et à agir selon certains principes, il bloquait le développement de ses frontières émotionnelles. En désavouant sa féminité, il la précipitait dans l'anorexie et, du coup, violait sa frontière physiologique. En mettant prématurément fin à la thérapie, il l'empêchait de nourrir un corps malade, affamé. Plutôt que de la laisser développer une identité différente de la sienne, il alla même jusqu'à risquer la vie de sa fille. Entre le père et la fille, on peut dire qu'il y avait enchevêtrement.

Dans le cas de Laura, nous avons affaire à des frontières érigées trop loin dans le passé : un nourrisson ou un enfant ne peut les percevoir. Nous faisons tous corps avec notre mère avant d'être propulsés dans le monde où nous devenons une entité autonome. Nous dépendons du toucher pour ressentir les premiers jalons de notre identité. Le toucher révèle la place que nous occupons et les limites de notre espace. Le fait d'être bercés ou caressés nous confère un sentiment d'appartenance à un lieu, à un être humain.

Une merveilleuse technique d'accouchement tend aujourd'hui à se répandre de plus en plus. Après la naissance, qui se produit dans un bassin d'eau tiède, un masso-thérapeute aide le bébé à sortir de la position fœtale qu'il (ou elle) a si longuement occupée. Il déplie doucement les petits membres engourdis de l'enfant et masse délicatement les muscles. « Sois le bienvenu, mon petit. Prends conscience de ce que tu es. Nous allons t'aider à te connaître. Tu peux compter sur nous. Nous pourvoirons à tes besoins. »

Dès sa plus tendre enfance, Laura a été sérieusement privée de toucher. À l'opposé de Bernadette, qui connut l'expérience de l'enchevêtrement, Laura vécut dans une famille où les frontières étaient si éloignées des autres que chaque personne vivait dans un monde fermé. Ils communiquaient si peu qu'il semble que Laura ait eu à s'éduquer elle-même. À dix ans, elle s'était tellement habituée à la solitude qu'elle n'a pas songé à demander de l'aide lorsque son beau-père lui fit subir l'inceste. Elle croyait pouvoir s'en tirer toute seule.

À l'instar de Bernadette, Laura n'était consciente d'aucune frontière. Le fait d'être privée de contacts émotionnels et physiologiques sains de la part des membres de sa famille a eu pour conséquence qu'elle n'a pas été en mesure d'établir ou de protéger ses propres limites.

Respecte ce que je suis et tout ira pour le mieux

L'inceste est une grave violation des frontières physiologique, émotionnelle et sexuelle. Les comportements du beau-père de Laura la mettaient mal à l'aise.

Mais, dans cette famille, on n'exprimait pas ses émotions, on n'en discutait jamais. C'est seul que l'on devait composer avec la dureté de la vie, que l'on devait s'acquitter de ses tâches : les sentiments ne comptaient pas.

Son beau-père la força à ne pas tenir compte de son senti. Lorsqu'on va ainsi à l'encontre de nos messages intérieurs, les émotions deviennent de plus en plus difficiles à assumer. Peu à peu, les sentiments (qui sont pourtant des alliés) en arrivent à être perçus comme des ennemis qui font souffrir. Dans les cas d'inceste, ce processus est dévastateur : la personnalité est comme fractionnée, précisément parce qu'on a appris à nier ses sentiments.

Au sein d'une famille dysfonctionnelle, personne ne favorise le développement des frontières et les enfants grandissent sans en prendre réellement conscience. Si tel est votre cas, il y a de fortes chances pour que l'on vous ait habitué à laisser les autres délimiter vos frontières à votre place.

L'éducation que nous avons reçue est critique pour l'apprentissage des frontières. Notre degré de tolérance envers les comportements d'autrui est révélateur de la vigueur des frontières que nous avons établies. La plupart des gens respecteront nos limites si nous les leur signalons. Toutefois, il y a aussi des gens contre qui nous devons les défendre avec acharnement.

Une frontière a besoin d'entretien

L'épiderme est l'exemple parfait d'une frontière physiologique. Les frontières émotionnelles et relationnelles sont plus difficiles à distinguer, mais elles n'en sont pas moins importantes.

Une peau éraflée est sujette aux infections. Une frontière émotionnelle ou relationnelle abîmée ouvre la porte à la souffrance. On dit qu'il y a violation de frontières quand une personne agit de manière inconséquente ou quand elle force l'une de vos frontières invisibles.

À l'instar d'une clôture, une frontière a besoin d'entretien. Et, comme la mauvaise herbe qui envahit tout, certaines personnes ont tendance à forcer les frontières d'autrui. Elles sont assommantes. Si on doit côtoyer ces gens, mieux vaut s'armer d'un sarcloir psychologique afin d'être en mesure de désherber son jardin régulièrement.

Comment définir une frontière? Est-ce quelque chose de rigide ou de fluide? Si j'établis une frontière pour me protéger des commentaires malveillants d'autrui, est-ce que, ce faisant, je ne ferme pas la porte aussi à leurs compliments?

Les formes et les dimensions qui caractérisent les frontières sont aussi nombreuses que les frontières elles-mêmes. Certaines ont la solidité d'un mur de pierre ou la souplesse d'un sac de plastique. D'autres ont l'impénétrabilité d'une armure de plomb ou la perméabilité d'une clôture à claire-voie. Certaines seront transparentes; d'autres, opaques. Il est des frontières qui sont tellement lointaines qu'un cri en atteint à peine les limites. Au contraire, certaines sont si proches que, pour reprendre les mots de Groucho Marx, « Être plus près, c'est être derrière vous. » Le chapitre 6 abordera plus en détail la nature de certaines frontières.

Jugée salutaire par une culture donnée, une frontière sera perçue comme néfaste, voire dangereuse, par une autre. Des citoyens de race blanche pourront, en Amérique, estimer leurs frontières lésées par certaines coutumes des autochtones. La familiarité manifeste avec laquelle communiquent la plupart des Américains risque, bien involontairement, de violer l'intégrité d'une frontière dans un pays où un protocole plus strict régit les échanges entre individus.

Récemment, quelque deux mille bénévoles se sont réunis pour participer à une journée d'entraînement aux Goodwill Games. Des personnes de tous âges composaient ce groupe déjà passablement hétérogène. Chaque participant se vit remettre une liste comportant vingt valeurs. Chacun devait les placer par ordre décroissant d'importance. À quelques exceptions près, l'honnêteté, le droit de s'enrichir et l'indépendance se classèrent en tête. En dernier, figuraient l'étiquette, l'obéissance et la tradition. En fait, il existe des cultures où les gens auraient placé la tradition et l'étiquette au premier rang, et relégué l'honnêteté ainsi que l'indépendance en dernier, révélant ainsi un système de valeurs opposé au nôtre.

Pareilles différences entre les systèmes de valeurs peuvent heurter des frontières. L'attitude engageante d'un Américain qui serre la main du premier venu et tutoie tout un chacun risque de violer la frontière d'une culture où l'accueil d'un étranger relève d'un strict rituel protocolaire. La loyauté dont fait preuve un Russe envers sa communauté pourra être perçue, par certains Américains, comme une absence de liberté individuelle. Inversement, un Russe jugera déplacée, voire impolie, la convivialité des rapports américains. Les frontières sont donc en bonne mesure tributaires de la culture qui les a fait naître. Lorsque nous avons à échanger avec des gens qui ne sont pas de notre culture, nous devons nous rappeler que leur système de valeurs est parfois fort différent du nôtre et qu'une frontière est plus souvent violée par ignorance que par malice.

Je suis différent des autres

Notre état émotionnel est proportionnel à l'état de santé de nos frontières. Établir une frontière, c'est comme enfiler un vêtement. Ceux qui ont grandi au sein d'une famille dysfonctionnelle savent à quel point il est des vêtements qui sont étouffants. Certains menacent notre survie et détruisent l'essence de ce que nous sommes. Il arrive cependant qu'une garde-robe se renouvelle. Le temps aidant, on finit par comprendre et mettre une certaine distance entre soi et autrui. Restaurer ses frontières, c'est accéder à une certaine forme de bien-être. Clairement définie et maintenue dans son intégrité, une frontière procurera du bonheur. Une frontière saine est une barrière tout en souplesse qui s'ouvre et se ferme aux autres selon notre volonté. Nous avons le pouvoir de fermer la porte à la méchanceté, à la haine pour laisser entrer l'affection, la bonté, la considération.

Où logent vos frontières? En êtes-vous conscient? Percevez-vous vos limites, votre individualité? Êtes-vous à l'aise avec ces limites?

Visualisez vos frontières

Exercice 1.1

Matériel : de la ficelle ou une corde d'environ 7 m

1. Sur le plancher d'une grande pièce, disposez la corde en cercle. Tenez-vous debout au milieu du cercle. Imaginez que tout ce qui est à l'intérieur du cercle est en dedans de vous; ce qui est à l'extérieur, en dehors de vous.
2. Concentrez-vous. Qu'y a-t-il dans votre cercle? Des choses auxquelles vous tenez? En lesquelles vous croyez? Y en a-t-il que vous aimez? Que vous haïssez? Qui êtes-vous? Qu'est-ce qui vous attire? Vous repousse? Quelles valeurs sont vôtres? À quoi pensez-vous? Quelle est votre vraie nature?
3. Il existe un million de choses qui vous distinguent des autres. Plus vous en apprenez sur ces choses, plus vous vous affirmez comme individu.

   Option a. Écrivez les réponses à ces questions.

   Option b. Discutez questions et réponses avec un ami.

Exercice 1.2

Matériel : des revues, un grand sac d'épicerie, de la colle ou du ruban adhésif

1. Déchirez ou découpez des mots ou des photos qui vous décrivent de l'extérieur, qui traduisent l'image que vous présentez au monde.
2. Collez photos et mots à l'extérieur du sac d'épicerie.
3. À l'intérieur du sac, mettez des photos et des mots qui traduisent la manière dont vous vous percevez de l'intérieur.
4. Comparez maintenant les mots et les photos placés à l'intérieur avec ceux placés à l'extérieur du sac. Avez-vous l'impression d'avoir affaire à deux personnes distinctes?
5. Discutez de vos impressions avec un ami.

Le jeu des frontières

Exercice 1.3 (Optionnel)

Pour le plaisir, mesurez vos connaissances sur les frontières, selon ce que vous venez d'apprendre ou en vous fiant à votre expérience de vie.

I. Choix multiple. Choisissez la bonne réponse.

   A. Le mot « frontière », tel que l'emploient aujourd'hui les thérapeutes et les personnes en recouvrance, renvoie à…
      1. Une limite d'ordre physiologique et sexuel
      2. Une limite d'ordre spirituel et émotionnel

3. Une limite d'ordre relationnel
4. Les trois réponses précédentes

B. L'expression « violation de frontières » signifie…
1. Qu'une personne a éclaboussé l'une de vos limites
2. Qu'une personne a étendu son champ d'action, ses frontières
3. Qu'une infraction mineure a perturbé votre système de défense
4. Aucune des réponses précédentes

C. Une violation de frontières…
1. N'est pas lourde de conséquences
2. Secoue vivement les émotions
3. N'affecte en rien la solidité d'une relation
4. Ne constitue un problème que pour la victime

D. Les frontières…
1. Sont généralement souples
2. Sont généralement inflexibles
3. Sont impossibles à changer
4. Varient d'une personne à l'autre

II. Relevez les situations qui constituent une violation de frontières.
A. Grand-père emmène le petit Jacob à la pêche.
B. Esther fait part à Berthe d'un secret que lui a confié Marie.
C. Votre thérapeute vous invite à prendre un café.
D. Votre patron vous invite à lui révéler certains détails de votre vie privée.
E. Votre patron pleure sur votre épaule.
F. Votre thérapeute accepte votre invitation à prendre un café.

G. Maman raconte ses problèmes avec papa à la petite Danielle.
H. Votre patron demande s'il peut vous faire une accolade.
I. Votre nouveau voisin vous tapote le postérieur en passant.
J. Votre mère passe une remarque sur votre excédent de poids.

Solutions. **I.** A. 4.; B. 1.; C. 2; D. 4. **II.** Seuls les incidents A et H ne constituent pas une violation de frontières.

◆ 2 ◆

Les frontières visibles et invisibles

Le témoignage de Laura : éviter les hommes pour survivre

Je me rappelle une mésaventure survenue à l'âge de quinze ans. Je marchais dans la rue quand un personnage étrange m'a emboîté le pas. Beaucoup plus âgé que moi, l'homme était sale et débraillé. Il débitait un flot de paroles et gesticulait beaucoup. Il lui arrivait de me prendre le bras, l'épaule, la tête et la taille.

Je ne savais pas comment réagir. On m'a appris qu'il fallait toujours être polie. J'ignorais que je pouvais mettre une limite aux touchers d'autrui ou exiger qu'on retire ses mains de mon corps. Je ne savais pas comment me défendre, ni même que j'avais ce pouvoir.

Plus nous avancions, plus l'homme se faisait audacieux. Quand il a touché mes seins, j'ai protesté sans toutefois me départir de ma gentillesse ni cesser de l'écouter poliment. Mais à un moment donné, je n'y tins plus. Prétextant un rendez-vous, je fonçai dans le premier magasin venu. Il ne m'est jamais venu à l'esprit de raconter cette histoire à ma mère.

Je me rappelle aussi de M. Elliot qui, pendant quatre ans, m'a enseigné à l'école secondaire. La réputation de M. Elliot n'était plus à faire parmi les étudiantes : il avait l'habitude de tripoter les filles qui l'approchaient d'un peu trop près.

Celles qui avaient des questions devaient parfois se rendre au bureau du professeur. Tout le temps que durait la conversation, M. Elliot faisait courir sa main sur les cuisses des filles. Un jour, je suis allée à son bureau en compagnie d'une copine. Le regard de M. Elliot ne quittait pas la poitrine de mon amie. À la fin, il a tourné la tête et m'a fait un clin d'œil. Était-ce une blague? Étais-je censée en rire?

Je ne voulais pas qu'il me touche et, à son bureau, je gardais mes distances. Il continuait tout de même à me déshabiller du regard. Cet homme était un ami de mes parents et de mes grands-parents; pourtant, je ne fus nullement épargnée.

Je me rappelle que les aînées de l'école avaient pris l'habitude de mettre les nouvelles en garde contre cet homme. Il tripotait tant de filles! Quand j'y repense, je n'arrive pas à m'expliquer que tant d'adolescentes aient eu le numéro de M. Elliot et qu'aucun parent n'ait jamais découvert le pot aux roses. Comment a-t-il pu agir ainsi pendant des années sans que la direction en soit avertie, sans même qu'elle intervienne?

De mon enfance, je me souviens aussi d'une scène de film au cours de laquelle une femme se querelle avec un homme. À un certain moment, elle en a assez et le quitte. Il s'élance, la rattrape, l'embrasse de force. Elle résiste au baiser, mais, comme par magie, elle s'y abandonne et l'enlace avec passion.

Je pourrais citer des tas de situations qui suggéraient qu'une femme n'a pas d'autre choix que de se soumettre au désir d'un homme. Jamais je n'ai su que je pouvais dire non.

Au cours de ma deuxième année de secondaire, je me souviens d'être allée au ciné-parc avec un garçon un peu plus âgé que moi. Il avait apporté une bouteille — je crois qu'elle contenait du whisky — qu'il vidait à petites gorgées. Il me demanda si j'en voulais. L'image de mon beau-père alcoolique me revenait sans cesse à l'esprit. Je fus incapable d'en boire une seule goutte.

Le gars a ensuite posé sa main sur moi. Je me sentais vraiment mal. Je ne savais pas que je pouvais me soustraire à son geste. Je m'y suis donc résignée. Au moins, j'avais un couvre-feu à respecter. Il m'a ramenée à la résidence où je logeais. J'épiais les lumières du couvre-feu. C'était la seule chose sur laquelle je pouvais me concentrer. Nous sommes restés en silence dans la camionnette devant la porte d'entrée que je ne quittais pas des yeux. Il s'est approché, m'a enlacée. Les lumières du couvre-feu se sont mises à clignoter. Enfin!

Il s'est écoulé deux ans avant que je ne sorte de nouveau avec un garçon.

Avec les hommes, je ne connaissais qu'une tactique : les éviter. Je ne savais pas qu'il était permis d'aborder ce sujet au cours d'une conversation. Par conséquent, je n'en parlais jamais. J'ignorais qu'il existait à ce propos des séances d'information. Je n'ai jamais eu quelqu'un pour me guider, une personne qui m'aurait dit qu'une femme a le droit de décider qui la touche, quand et comment elle veut qu'on la touche.

À la fin de mes études, j'ai voyagé. À Rome, j'ai rencontré un gentil monsieur qui m'a fait visiter la ville avant de m'inviter au restaurant. Il souhaitait me présenter une cousine qui était descendue chez lui. Mais tout ce que j'ai entrevu de la cousine était une photo posée sur une table de chevet.

Même si j'étais au beau milieu d'une ville que je ne connaissais pas, et que mes notions d'italien laissaient passablement à désirer, j'ai couru hors de l'appartement et je me suis précipitée dans l'escalier. Il m'a rattrapée et m'a offert de me ramener à mon hôtel. J'ai consenti.

En route, il a immobilisé la voiture et s'est jeté sur moi. Je l'ai laissé faire. Je ne sais pas pourquoi j'avais eu le réflexe de sortir de l'appartement et pas celui de sortir du véhicule. Peut-être avais-je moins peur parce que nous étions dans une auto? Peut-être est-ce parce que mon hôtel n'était plus très loin et que je n'en avais plus pour très longtemps? J'ai supporté, l'esprit ailleurs, jusqu'à ce qu'il en finisse. Il a joui sans me pénétrer. Je m'estimais chanceuse de ne pas avoir eu à me dévêtir, de ne pas avoir eu à faire quoi que ce soit. Mais le comble a été l'air entendu du concierge qui m'a ouvert, à 3 h du matin. Je me suis sentie souillée. Je voulais hurler que j'étais innocente.

Le témoignage de Ghislaine : quel havre de paix familial!

Je n'arrive pas à visualiser clairement le film des souvenirs de ma petite enfance. En fait, tout se passe comme si mon corps avait alors enregistré des sensations qui refont aujourd'hui surface quand je me concentre sur un événement particulier.

De fortes impressions sont associées à mon frère aîné. Je n'étais qu'une enfant quand ses jeux sexuels ont commencé. Mon frère devait avoir huit ans. Pour me réduire au silence, il a sans doute été jusqu'à me menacer de mort parce que, trente ans plus tard, j'ai encore peur de mourir quand j'aborde ce sujet.

Je ne me rappelle pas précisément ce qui s'est passé, et c'est bien ce qui m'enrage le plus. Quand on me demande d'expliquer l'horreur que je ressens, je ne suis pas capable de rassembler suffisamment de faits pour convaincre qui que ce soit que je dis la vérité. Mes souvenirs sont parfois tellement vagues que je me demande si tout ça n'est pas le fruit de mon imagination.

Il n'est pas normal que la sexualité n'ait eu aucun secret pour la petite fille que j'étais. Il faut bien que quelqu'un m'ait initiée. Je sens mon frère étendu sur moi, nu, en érection. J'ai l'impression qu'il met ses doigts dans mon vagin, qu'il éjacule. (J'éprouve encore aujourd'hui tant de honte devant certaines parties de mon corps.) Ce manège a duré des années. J'en ai l'absolue conviction.

C’est seulement au cours d’une thérapie que j’ai finalement confié ce secret à mes parents qui se sont aussitôt exclamés : « Mais pourquoi ne nous as-tu jamais rien dit? »

La question m’a complètement démolie. J’aurais voulu hurler. J’étais au bord du désespoir. J’étouffais de rage. Je voulais leur crier : « Et quand donc aurais-je pu en parler? » Je voulais jeter à la face de ma mère : « Quand tu me battais! Ah! C'était bien le temps, n'est-ce pas? Ou aurais-tu préféré que j'interrompe l'une de tes crises d'hystérie? »

J'aurais voulu leur dire le désespoir qui m'habitait alors. J'aurais voulu leur expliquer quelle vie de fou je menais, à l'époque, dans cette maison. Je croulais littéralement sous les tâches. J'avais à m’occuper des enfants tout en essayant de gérer un foyer sans queue ni tête. La maison était toujours bordélique. Je n’avais que dix ans et je me sentais responsable de tout : faire le ménage, tondre le gazon, prendre soin de mes sœurs.

Je vivais dans l’espoir que ma mère reconnaisse ce que je faisais, qu’elle remarque que j’avais trop de travail et, surtout, qu’elle prenne conscience des agissements de mon frère. Je voulais tellement qu’elle le sache. J'ai bien essayé d'aborder le sujet avec elle, juste un peu, question de tester ses réactions. Chaque fois, ses réponses signifiaient que c'était peine perdue.

En fait, c'était contre elle que j'avais le plus à me défendre. En thérapie, j’aurais voulu lui lancer : « Mais je ne t'ai jamais vue trouver une solution à quoi que ce soit. J’ai toujours pensé que c’était moi et non mon frère qui aurait encaissé les coups. »

À mon père, j'aurais voulu crier : « Quand donc, papa, aurais-je pu t'en parler? Tu bossais quatorze heures par jour. Tu n'étais jamais à la maison. Savais-tu ce que faisait ta femme en ton absence? Était-ce pour la fuir que tu travaillais de si longues heures? Si tu ne voulais pas rester seul avec elle, pourquoi lui confiais-tu la garde de six enfants démunis? »

« Oh! Excusez-moi. J'oubliais... Ce foyer était un havre de paix, de sécurité. Tous étaient libres d'exprimer ce qu'ils vivaient. Vous m'en voyez confondue. Et quelle inconscience de ma part d'avoir omis de vous faire part des agressions de Bobby, de ses doigts dans mon vagin. » Voilà ce que je brûlais de leur dire.

Le témoignage de Donna : victime d'inceste

Je devais avoir trois ou quatre ans lorsque mon père a commencé à me câliner. Je ne me rappelle pas ce qui s'est passé. Je ne me souviens que des instants qui ont précédé et suivi l'événement. Nous roulions en camion en direction du fleuve. Papa m'emmenait voir les bateaux. Nous sommes ensuite à la maison et mon père change ma culotte. Maman entre dans la chambre et demande ce qui ne va pas. Mon père lui dit que j'ai eu un accident. Nous ne sommes jamais allés voir le fleuve, il a fallu rentrer pour changer mes vêtements.

Ces souvenirs sont confus. Je me rappelle que mes parents se sont séparés et ont par la suite repris leur relation. Un jour, deux cousines ont prétendu que mon père s'était livré à des attouchements sexuels sur elles et nous avons aussitôt rompu avec l'oncle, la tante, les cousines. Une autre fois, un voisin a accusé mon père d'agression sexuelle sur une jeune fille. Papa a disparu pour un temps. Pourquoi ma mère n'a-t-elle jamais pensé que j'aurais pu compter au nombre de ses victimes?

J'avais neuf ans quand papa a repris son manège. À douze ans, j'en ai fait part à ma mère. Elle a eu une conversation avec lui et m'a rapporté qu'il lui avait promis de ne plus recommencer. Et elle l'a cru! Personnellement, j'aurais aimé le croire. Mais j'ai vite compris que ça ne durerait pas.

Et pourtant, malgré tout, j'aime mon père. Ma mère n'a jamais eu de temps pour moi. Elle a fait carrière dans la haute administration et travaillait tout le temps. Ses quelques heures de loisirs étaient consacrées à sa coiffure, ses vêtements, son maquillage. Le reste du temps, elle était trop fatiguée pour entreprendre quoi que ce soit. Je ne devais surtout pas la déranger.

Ça laisse des marques

L'épiderme est une frontière physiologique : elle protège l'intégrité du corps. Une coupure, une éraflure ne sont pas les seuls genres de blessures qui peuvent l'endommager. On peut aussi souffrir parce qu'un indésirable pose sa main sur nous d'une manière déplaisante.

Vous me rétorquerez : « Mais il n'y a pas de blessure physique. La personne n'est pas, dans ce cas, réellement blessée. Il n'y a pas de marque. »

Je ne suis pas d'accord. La victime est bel et bien marquée. Toute violation d'une frontière physiologique viole aussi une frontière émotionnelle.

Nous verrons, un peu plus loin, dans le chapitre qui traite des violations de frontières, quels genres de blessures elles engendrent. Pour l'instant, nous n'examinerons que deux catégories de frontières et deux façons de les violer.

On a le choix de se rapprocher ou de s'éloigner

Les deux principales catégories de frontières sont la frontière physiologique et la frontière émotionnelle. L'épiderme marque la limite physique de notre corps. L'âge que l'on a, les rôles que l'on joue, les relations que l'on entretient avec l'entourage, nos besoins en matière de sécurité et la manière dont nous voulons que l'on agisse avec nous constituent nos limites émotionnelles.

J'établis une frontière physiologique en déterminant quelles sont les personnes qui peuvent me toucher, de quelle façon elles peuvent le faire et quelles parties de mon corps elles ont le droit de toucher. Je décide aussi de la distance qui me sépare des autres. Parce que j'ai le choix de reculer autant que d'avancer, je peux m'éloigner d'une personne qui envahit mon espace vital.

J'établis une frontière émotionnelle en délimitant ce qui me paraît acceptable dans le comportement d'autrui. Une façon de faire en ce domaine est de mettre une limite à ce qu'un autre peut me dire. L'expression d'une colère justifiée, formulée avec respect par un proche, me semble très acceptable. Subir les foudres du premier venu ne l'est pas. Je ne tolérerai pas qu'un étranger, dans un autobus, passe sa colère sur moi. Je changerai de place et j'irai jusqu'à demander l'aide du chauffeur, s'il le faut.

Il y a des remarques sur ma vie privée que je n'accepte pas que l'on formule en ma présence. L'une de mes tantes se complaît à commenter l'apparence des femmes qu'elle fréquente. Nous dînions un jour au restaurant en compagnie d'une cousine quand un étranger s'approcha de notre table. « Nous mangeons », lui déclara ma tante, « quoique aucune d'entre nous n'en ait vraiment besoin. » J'aime beaucoup ma tante et, pour cette raison, je suis encline à être très tolérante envers elle. Un peu plus tard, j'ai cependant réalisé que ses paroles m'avait incommodée. Elle peut bien dire ce qu'elle veut, elle n'est pas obligée de m'inclure dans ses propos.

On a parfois l'impression que l'on est obligé de tolérer les paroles et les gestes d'un individu parce qu'il en a toujours été ainsi avec lui. Bien au contraire, quand on prend conscience de ce qui nous déplaît, on est libre de changer d'idée, d'attitude, de comportement et, ainsi, d'établir de nouveaux standards.

Je n'accepte plus que les hommes avec qui je travaille ni ceux que je côtoie occasionnellement formulent des commentaires désobligeants ou grivois. J'évalue soigneusement quels renseignements personnels je livrerai à autrui. Je teste ensuite leur discrétion, pour savoir si je peux m'ouvrir davantage. Je réponds en général aux questions qu'on me pose, mais je rejette celles que je juge indiscrètes.

J'ai un jour fait des confidences à une tante que j'adore. Elle a communiqué mon secret, par lettre et de manière inexacte, à des parents en qui je n'ai aucune confiance. À l'avenir, je serai plus vigilante avec elle.

Je me suis une autre fois confiée à une parente pour découvrir accidentellement, un peu plus tard, qu'elle avait l'impression que je m'étais moquée d'elle. Nos échanges n'ont pourtant jamais laissé rien paraître de tel. J'ai ainsi découvert qu'elle était incapable d'exprimer directement ses sentiments. Pire. Elle adopte, la plupart du temps, une attitude qui contredit ce qu'elle ressent. J'en ai conclu que je ne serais jamais capable de me fier à sa manière de réagir. Cette découverte m'a aussi appris qu'elle déformait le sens de mes paroles. Or, je n'ai aucun contrôle sur ce qu'elle pense, pas plus que je ne peux lui faire confiance quand nous discutons de ses réactions. Je ne suis sûre que d'une chose : c'est qu'elle dénaturera tout ce que je lui dirai et qu'elle passera ces faussetés à des tiers. Je choisis donc de ne pas entretenir de relation avec elle.

Délimiter mes frontières émotionnelles consiste, en partie, à séparer les relations que je souhaite développer de celles auxquelles je désire mettre un terme parce que la confiance n'est pas possible.

Les violations fondamentales : intrusion ou trop grande distance

On distingue ici deux grandes catégories: violations d'ingérence et violations de distanciation. Les témoignages de Ghislaine, de Laura et de Donna placés en début du présent chapitre décrivent des phénomènes de violations d'ingérence du domaine physiologique. Dans le chapitre précédent, le témoignage de Bernadette traitait de violations d'ingérence du domaine émotionnel, tandis que Laura parlait de violations de distanciation touchant les domaines physiologique et émotionnel.

*VIOLATIONS D'INGÉRENCE : « **Vous êtes-vous déjà fait avorter?** »* On parle de violation d'ingérence quand une frontière physiologique ou émotionnelle n'a pas été respectée. L'inceste est une violation d'ingérence. Il y a aussi violation d'ingérence quand on vous questionne mal à propos sur votre intimité, quand on touche, sans votre consentement, une partie intime de votre corps ou quand on essaie de contrôler vos pensées, vos croyances ou vos sentiments.

Le contexte ainsi que le type de relations qu'entretiennent deux personnes définissent le degré d'intimité qu'elles souhaitent entre elles. L'intimité qui règne entre époux n'a pas sa place entre un parent et un enfant. Le chapitre 3, « Le contexte », explorera les limites qui encadrent divers types de relations.

Le frère de Ghislaine s'est couché nu sur le corps de sa sœur pour se livrer à des activités sexuelles. Le père de Donna a eu des relations sexuelles avec sa fille et avec d'autres fillettes. À l'école, M. Elliot, le professeur de Laura, laissait courir ses mains sur le corps des filles. Ces situations illustrent comment des hommes dépassent les limites qui encadrent les relations humaines. Leurs actes constituent des violations d'ingérence physique.

Ainsi, tout contact physique intime qui outrepasse la limite que prescrit le cadre d'une relation constitue une violation d'ingérence physique.

Une nouvelle venue au club de tricot que je fréquentais s'est livrée à une violation d'ingérence quand elle m'a demandé si j'avais déjà subi un avortement. Je n'avais jamais échangé avec elle. Pour aborder quelque chose d'aussi personnel, il aurait fallu que l'on se connaisse un peu. Je refuse d'assumer l'inconscience ou le manque de tact d'une autre. Je ne me sens nullement obligée de répondre si on me pose une question que je juge en dehors du contexte de notre relation.

De fait, je n'ai jamais subi d'avortement. J'aurais pu le lui dire, mais je ne voulais pas qu'elle ait l'impression que sa question était bienvenue. J'aurais aussi pu lui demander : « Pourquoi me demander ça? » Toutefois, avec l'inconvenance de sa question, je ne me sentais nullement encline à engager la conversation. Je lui ai donc fait remarquer : « Désolée, mais je ne vous connais pas assez pour aborder ce sujet. » Ça l'a déroutée. Elle s'est tournée vers quelqu'un d'autre pour entamer une conversation. Elle ne m'a pas reparlé de la soirée, ce qui me convenait parfaitement. Je n'ai pas besoin d'une amie qui ne respecte pas mes frontières.

VIOLATIONS DE DISTANCIATION : « Un adulte a aussi besoin qu'on le touche. » Il y a violation de distanciation lorsqu'il y a manque d'intimité, alors que la relation le justifierait, ou encore, lorsqu'on est habitué à la proximité d'un être qui nous la refuse. Si les contacts étroits font partie de la relation et que le rapprochement ne se produit plus, c'est que l'espace qui nous sépare est devenu trop vaste. Ici aussi, le contexte détermine la nature de la violation.

C'est peut-être difficile à admettre, mais une trop grande distance entre individus risque de leur nuire. Les enfants ont besoin de contacts physiques sains pour apprendre à découvrir leur identité. Pour s'épanouir pleinement, un enfant doit être cajolé, bercé, embrassé, touché; tout ça, sans sous-entendu sexuel. Il en va de même pour les adultes.

Dans *Histoire et importance des sens*, Diane Ackerman parle des recherches dont les résultats démontrent que plus un nourrisson est exposé au toucher, plus le degré de conscience à son environnement sera élevé et plus il apprendra avec facilité. Ackerman montre aussi que la santé a souvent tendance à décliner chez les gens de tous âges privés de donner ou de recevoir des contacts physiques.*

Au début de ce chapitre, le témoignage de Laura nous a fourni l'exemple d'une personne qui a subi, à répétition, des contacts physiques contre sa volonté. Laura n'a opposé aucune résistance. Elle n'a pas cherché à fuir. Elle n'a même pas signifié son refus.

---

* Diane Ackerman, « The Power of Touch », *Parade Magazine*, 25 mars 1990, p. 5.

Pourquoi? (Personnellement, un de mes T-shirts préférés dit : « Savez-vous que non, ça veut dire non? »)

Quand elles sont robustes, les frontières émotionnelles protègent les frontières physiologiques. Mais une violation de distanciation et une violation d'ingérence minent autant le développement des frontières émotionnelles que physiologiques.

On se protège dans la mesure où nos frontières sont solidement établies. Une personne dont l'éducation n'a pas clairement favorisé la mise en place de frontières émotionnelles sera beaucoup plus vulnérable aux agressions physiques.

Enfants, Laura, Ghislaine et Donna furent privées de contacts sains et d'affection. Leur vie émotive a, en outre, été passablement négligée. Ghislaine a eu une mère orageuse qui la violentait verbalement. Le père de Ghislaine et la mère de Donna passaient le plus clair de leur temps à travailler hors du foyer. L'ingérence physique ou l'inceste n'a rien à voir avec l'intimité. La personne qui commet un inceste ne se soucie que très rarement de sa victime. Il ne faut donc pas s'étonner qu'un sentiment d'abandon accompagne une violation d'ingérence.

Dans la famille de Laura, on n'exprimait guère ses sentiments. Il était donc normal qu'elle ne soit pas à l'écoute de ce qui, en elle, aurait pu la secourir. Victime de son désarroi émotif et du fait qu'elle ne pouvait compter sur personne pour tirer des leçons de ses émotions, Laura — à l'instar de Ghislaine et de Donna — n'a pas pu découvrir que les sentiments peuvent être à l'origine d'une force qui pousse à l'action.

Un sentiment est une mine de renseignements

Quand on crie, on prend conscience de son cri par le son que l'oreille perçoit (à moins d'être malentendant). La réaction du système auditif est immédiate et on ajuste le volume de sa voix pour qu'elle traduise fidèlement ce qu'on souhaite exprimer.

Il en est de même quand nous ressentons quelque chose. Nous avons besoin d'une réaction, d'un feed-back. Lorsque le feed-back est approprié, notre ressenti, nos émotions, nos sentiments sont pleinement dévoilés et deviennent donc plus clairs.

L'écho renvoie les paroles à celui qui les a prononcées. Quand un feed-back est adéquat, on peut approfondir ce que l'on ressent. On se connaît mieux. Un feed-back approprié et une meilleure connaissance de soi sont la combinaison pour créer une bonne frontière émotionnelle. Le moi occupe, à l'intérieur, la place qui lui revient (en se validant dans ce qu'il vit) et définit du coup, à l'extérieur, l'espace qui le différencie du monde (parce qu'il se donne le droit d'être).

Pour identifier la nature de nos réactions au monde, les sentiments sont une inépuisable mine de renseignements. Ils nous indiquent quand une situation est sécuritaire, dangereuse, voire menaçante. Enfants, nous apprenons à lire et à écrire; nous apprenons de quelle manière nous devons nous comporter face à nos sentiments. Comment? En observant la façon dont les autres réagissaient à leurs sentiments, ou aux nôtres.

« J'ai peur! » déclare un garçonnet de cinq ans qui doit se rendre une première fois à l'école.

« T'as pas à avoir peur, c'est amusant », lui réplique un père mal renseigné.

« Maman, je me suis blessée », dit une petite fille de quatre ans qui tient son coude éraflé.

« Laisse-moi voir ça », dit une mère compatissante. « Je suis désolée que tu sois blessée », ajoute-t-elle en prenant la fillette chaleureusement dans ses bras pour la transporter à l'intérieur.

C'est un bambin de sept ans qui, le visage tendu et la bouche serrée, déclare : « Je ne veux pas aller à ma réunion chez les scouts. »

Ramenez-vous à cet âge. Imaginez que l'on vous réponde :

- « Mais oui, tu veux y aller. Dans les scouts, on apprend à être un homme. »
- « Viens, mon chéri. T'as l'air terrorisé. Dis-moi ce qui ne va pas. »

Les sentiments sont porteurs de sens

Les réactions d'autrui sont les bases sur lesquelles repose la construction de nos frontières émotionnelles. Quand nos émotions sont source d'agacement, de désapprobation ou de mépris, nous apprenons à réprimer ce que nous sentons monter en nous, à nous distancer de nos émotions et ainsi à perdre des informations précieuses.

Quand nos sentiments sont accueillis favorablement, quand on nous aide à les identifier, lorsqu'on nous encourage à les formuler, quand nos parents les interprètent correctement, ou quand ils font attention aux messages émotifs que traduisent le langage de notre corps et l'expression de notre regard, quand ils nous aident à comprendre ce qui se passe en nous, nous accédons à une meilleure connaissance de nous-mêmes. Nous n'apprendrons pas à développer sainement nos frontières si nous n'avons pas d'abord appris à identifier et à comprendre nos sentiments.

Maintenant, regardez autour de vous. Arrêtez votre regard sur un arbre à travers une fenêtre ou sur un tableau accroché au mur. Laissez monter les sentiments que suscitent ces objets en vous. Accueillez ces émotions. Essayez de les identifier. Vous découvrirez le sens, l'importance que ces objets ont pour vous par l'intermédiaire de votre ressenti. Si vous n'éprouvez rien, vous ne pouvez pas être branché sur ces objets. Vous aurez sans doute l'impression d'être devant un mur vierge.

Chez moi, il y a un sac sur lequel figure, en grosses lettres rouges, le nom d'un magasin bon marché. Chaque fois que j'y suis allée, j'ai perdu un temps fou à faire la queue devant les caisses enregistreuses. Quand je regarde ce sac, j'éprouve comme un malaise. Cet objet est porteur d'un sens et je le découvre en étant à l'écoute de mes sentiments.

Je possède un autre sac qui arbore le logo de Walt Disney World, un endroit que j'adore. Chaque fois que je l'utilise, une impression de bien-être m'envahit.

Les sentiments que nous éprouvons au contact d'autrui véhiculent beaucoup de sens. Si nous y faisons attention, nous laisserons notre monde intérieur guider notre vie et nous serons en mesure d'exprimer ce que nous sommes et ce qui nous convient. Il est donc possible de savoir comment fonctionnent nos propres frontières émotionnelles et, de ce fait, de prendre conscience qu'un autre les bafoue. C'est en restant en relation avec notre moi intérieur que nous aurons la force de résister à un agresseur. Cette habitude peut devenir un réflexe. Ainsi qu'il est écrit dans le « Gros Livre » : « Si nous sommes sérieux et appliqués dans les efforts que demande cette phase de notre évolution, [...] notre intuition nous dictera notre conduite dans les situations qui, auparavant, nous déroutaient. »*

Pas de miroir, pas d'image de soi

Lorsque nous grandissons parmi des gens qui agissent comme si les sentiments n'existaient pas, nous vivons comme dans un vide. Aucun feed-back, aucun écho ne favorise l'affirmation de notre différence. Aucun miroir ne nous renvoie une image de nous-mêmes.

Les enfants confrontés à ce genre d'abandon s'adaptent de différentes façons. Plusieurs sont incapables de

---

* *Les Alcooliques Anonymes*, 3e édition (en langue française), Alcoholics Anonymous World Services, Inc., 1989, p. 77.

laisser approcher qui que ce soit; par conséquent, la solitude devient leur lot. N'étant pas en contact avec leurs sentiments, ils sont incapables d'entrer en contact avec ceux d'autrui. Le témoignage de François, que l'on lira un peu plus loin, illustre bien ce phénomène.

D'autres adopteront d'emblée l'identité d'autrui. Quand le monde intérieur est vide, n'importe qui peut occuper la place. Se développe alors une personnalité dite caméléon : une personne embrasse spontanément le système de valeurs d'un tiers et ajuste ses réactions en conséquence.

Quoique émotionnellement laissés à eux-mêmes, il arrive que des enfants s'accrochent désespérément à certaines valeurs. Laura, par exemple, était très seule et, comme beaucoup d'autres dans son cas, elle s'est cramponnée à ce que la vie lui offrait. Son vide avait été rempli de messages impérieux lui disant de faire preuve de courtoisie (surtout à l'égard des aînés), à être gentille et disponible aux autres. Et c'est exactement ce qu'elle faisait, même quand un étranger lui touchait les seins au beau milieu de la rue.

Plusieurs combleront leur vide intérieur avec de stricts principes religieux, ou un idéal militaire. Certains se jetteront à corps perdu dans le travail pour faire beaucoup d'argent, pour acquérir des biens. On n'enseigne pas nécessairement ces choses à un enfant; qu'il ait l'occasion de les observer lui suffit.

Quand un parent est distant et que l'autre vit enchevêtré avec son enfant, il est possible que, pour l'enfant, les besoins d'un des parents comblent le vide émotionnel laissé par l'autre. Quand une relation incestueuse perdure, c'est que le père et la mère sont tous deux émotivement absents. Un parent le moindrement présent détecterait une anomalie et interviendrait tout de suite. Habitué à être accueilli dans l'expression de sa souffrance, un enfant victime d'inceste parviendrait même à faire passer, par un comportement ou une attitude de détresse, le message qu'on le violente.

Un adulte n'est pas nécessairement toujours conscient que son enfant subit l'inceste, mais dans la plupart des cas, par l'attitude émotionnelle de l'enfant, le père ou la mère devrait être en mesure d'intervenir pour que cesse l'abus.

Le témoignage de François : le vide émotionnel

Je ne comprends pas pourquoi on fait tant de cas des émotions. C'est une pure perte de temps. Ce n'est pas en m'apitoyant sur mon sort que je suis parvenu, à 42 ans, à diriger une firme d'avocats. Je n'aborde jamais ce sujet, mais j'y suis pourtant forcé aujourd'hui.

Dans une banlieue sécuritaire, j'habite une jolie maison que j'ai achetée : confortablement meublée, elle est équipée d'un sauna et d'un système central de chauffage. Ma voiture ne m'a jamais laissé tomber, je vois à ce qu'elle soit toujours en parfaite condition. J'ai commencé à investir de l'argent à l'âge de dix ans. Aujourd'hui, je n'ai plus à me soucier de rien. Mes placements sont sûrs, et mon avenir est assuré. Je prendrai ma retraite à 55 ans et n'aurai même pas à diminuer mon train de vie. Ma réussite est parfaite. Il est évident qu'il n'y a rien à redire à la manière dont je vis.

Je suis fier de ce que j'ai réalisé. À neuf ans, j'ai commencé à livrer des journaux. En moins de temps qu'il n'en faut pour le dire, j'avais doublé mon territoire, ainsi que mes profits, et diminué mon travail de moitié. À douze ans, je dirigeais quatre territoires de distribution. Je travaillais beaucoup, mais je savais aussi m'amuser. C'est vers la fin de mon secondaire que je me suis permis quelques sorties avec des copains. Et on s'amusait ferme!

J'avais besoin de rire et nous avons eu de mémorables équipées. L'une de nos meilleures farces consistait à réorganiser le parterre des voisins. Nos premiers essais furent plutôt timides : on déménageait les chaises d'un balcon à l'autre. Puis, on est devenus plus audacieux et c'est tout le contenu des terrasses qui y passait. Au beau milieu de la nuit, munis d'une camionnette, nous prenions un malin plaisir à échanger les effets d'une famille contre ceux d'une autre qui habitait quelques rues plus loin. C'est comme si la table de jardin, les cabanes d'oiseaux et les pots de fleurs des Jodoin se retrouvaient chez les Simard. Tandis que la balançoire, les jouets et la piscine d'enfants des Simard aboutissaient dans le jardin des Jodoin. Nous réaménagions les lieux avec un art consommé, pour que tout ait naturellement l'air à sa place, comme si de rien n'était. On riait toute la nuit rien qu'à penser à la tête que feraient ces gens, le lendemain, au moment de mettre le nez dehors.

Vous vous demandez peut-être si nous prenions parfois l'initiative (appel ou lettre anonyme) pour que les gens démêlent l'embrouillamini? Mais non. Ils n'avaient qu'à se débrouiller. Personnellement, nous n'y repensions jamais, sauf pour en rire quand l'un d'entre nous vantait ses exploits. Nous n'avons jamais rien volé. Enfin, presque rien. Certaines de nos mamans ont parfois été étonnées de recevoir plantes et babioles en cadeau, mais rien de grande valeur.

Quand je me faisais arrêter pour ivresse au volant ou pour conduite dangereuse, je faisais appel à un avocat, ami de mon père. C'était un plaideur féroce et acharné, l'un des meilleurs de la région. Il m'a toujours tiré d'affaire.

Que dire de mes parents? Ils vivaient bien. Mon père s'occupait de ses placements dans une banque. Il possédait une magnifique résidence sise sur un terrain de cinq acres en bordure d'une rivière. Meublée magnifiquement, la maison comportait deux étages et des colonnes enjolivaient le portail. Quel travailleur infatigable que mon père! Il était du genre à rentrer de vacances par avion pour, le soir même, dîner avec un client. Le calme apparent et la froideur de ma mère témoignaient, bien sûr, de sa désapprobation. Mais moi, je ne pouvais m'empêcher d'admirer cet homme qui, le jour où il rentrait de pseudo-vacances, avait assez d'énergie et de présence d'esprit pour se gagner un client.

Que dire de ma mère? Je n'en pense pas grand-chose. Elle était totalement incapable de faire quoi que ce soit par elle-même. Elle ne pouvait tout simplement pas se passer de mon père. À un dîner, par exemple, quand son verre était vide, elle fixait la bouteille de vin qui était pourtant près d'elle tout en disant : « Hubert!

Hubert! » Et mon père s'empressait de lui verser à boire.

C'est Anna Morin qui m'a éduqué. Elle a été notre gouvernante jusqu'à ce que nous n'ayons plus besoin d'elle. Ma mère travaillait quand j'étais tout petit. À l'adolescence, elle passait le plus clair de son temps chez son amant, loin du foyer. Elle n'y est revenue que beaucoup plus tard, je ne me rappelle plus trop quand. Je n'étais plus là.

Élevé dans un vide émotionnel

L'histoire de François montre clairement comment un enfant réagit au vide émotionnel des parents. Travailleur compulsif, le père (et la mère aussi, à sa façon) était absent. Tous deux montrent des signes évidents d'alcoolisme. Complètement coupé de ses émotions, François, à l'instar de son père, aura recours à l'alcool et au travail pour ne pas sentir le vide qui l'habite.

Parce qu'il n'arrive pas à entrer en contact avec ses émotions, François dispose de très peu de renseignements sur sa vie intérieure. Jamais il ne remet en question la phénoménale énergie qu'il a déployée pour assurer sa sécurité, pas plus d'ailleurs qu'il n'arrive à établir une corrélation entre ce besoin et l'immense désert émotif de son enfance. François a comblé son vide par la seule activité qu'il connaissait vraiment, une activité qu'il tenait de son père : travailler avec acharnement.

François a grandi sans que personne lui apprenne à socialiser, à s'investir dans une relation, à réfléchir aux aberrations de certains de ses comportements. À l'adolescence, ses parents n'ont fait aucun cas de ses conduites en état d'ébriété, de ses démêlés avec la justice. Le père a simplement payé un bon avocat, ce qui n'est qu'une autre forme d'abandon.

Qu'un enfant mange à sa faim, qu'il soit vêtu avec élégance, qu'il habite une maison cossue ne veut pas dire qu'il soit émotionnellement comblé. Si ses parents ne font pas attention à lui, s'ils ne lui témoignent aucune chaleur humaine, son développement émotif sera carencé.

On ne peut rester en santé sans définir clairement ses frontières émotionnelles et physiologiques. On défend son intégrité physiologique en éloignant les indésirables, en prévenant un toucher ou un geste déplaisant. Ceci n'est possible que dans la mesure où nous sommes conscients de nos frontières émotionnelles. Plus j'affirme ce que je suis, ce dont j'ai besoin, ce que je veux, ce que je ressens, plus mes frontières émotionnelles seront solides.

Percevoir ses frontières

Exercice 2.1

Cet exercice a pour objet de vous amener à prendre conscience des frontières d'autrui. Ne cherchez pas à influencer ce que vous verrez, contentez-vous de recueillir de l'information.

Frontières physiologiques

1. Prenez aujourd'hui le temps d'observer et d'écouter les gens autour de vous. Quelles paroles prononcent-ils, quels comportements adoptent-ils pour protéger leurs frontières physiologiques, pour maintenir entre eux et autrui une distance raisonnable?

   a. Si vous prenez l'autobus, observez comment les gens se comportent quand un étranger vient s'asseoir près d'eux.

   b. Dans une rue du centre-ville, observez l'espace que dégagent les gens pour en laisser passer d'autres. Comparez cet espace avec celui que tolèrent les gens qui marchent ensemble.

   c. Quelle distance le patron respecte-t-il avec les employés?

   d. Quelle distance les employés respectent-ils avec le patron?

   e. Est-ce que les gens s'approchent ou s'éloignent quand une personne exprime de la colère?

   f. Quand une personne s'exprime avec douceur, est-ce que les gens autour d'elle restent à leur place?

   g. Portez attention à la distance qui vous sépare de vos enfants, quand ils s'approchent de vous. Faites la même chose avec votre conjoint.

   h. Quel degré de proximité souhaiteriez-vous entretenir avec vos enfants? Avec votre conjoint?

i. Au travail, alors que vous conversez avec quelqu'un, approchez d'un peu plus près. Comment réagit-il? Essayez ensuite de vous en éloigner un peu. Quelle est sa réaction?

j. Si vous avez la chance de vivre dans un quartier habité par une pluralité d'ethnies, observez le comportement de ces gens quand ils s'adressent à un ami, à un étranger.

Frontières émotionnelles

2. Demain, vous observerez comment les gens établissent ou font respecter leurs frontières émotionnelles.

   a. Deux personnes discutent. Compte tenu du type de relation qu'elles entretiennent, écoutez les commentaires qu'elles formulent. Observez comment elles se comportent.

   b. Relevez les remarques qui vous semblent douteuses ou carrément déplacées. Comment réagit la personne à qui ces paroles sont adressées?

   c. Observez vos enfants. Comment s'y prennent-ils pour que leurs pairs respectent leur intimité?

   d. Comment votre conjoint vous signifie-t-il de ne pas empiéter sur le territoire de ses émotions?

   e. De quelle manière votre conjoint communique-t-il ses besoins, ses émotions? Que se passe-t-il quand ce que l'autre ressent ou souhaite est différent de ce que vous ressentez ou souhaitez?

◆ 3 ◆

Le contexte

Tout dépend du contexte

Le contexte, ou le type de relation, détermine la proximité ou la distance que souhaitent deux individus.

Certaines relations supposent un certain degré de proximité. Le mariage favorise l'épanouissement de l'intimité, qu'elle soit physiologique ou émotionnelle. La relation parent-enfant comporte une bonne dose de contacts physiques (non équivoques) et implique une grande disponibilité émotionnelle. Les grandes amitiés supposent une certaine proximité physiologique et admettent un haut niveau d'intimité émotionnelle.

On aura noté que le degré d'intimité est en rapport direct avec le rôle qu'une personne endosse. L'intimité sexuelle du mariage (ou d'une relation de couple) est complètement inappropriée entre parents et enfants ni souhaitable entre amis. L'intimité physiologique s'inscrit le long d'un continuum allant de l'absence de contacts, entre parfaits étrangers, à la plénitude d'échanges, entre partenaires consentants.

Mais le contexte ne fait pas que définir la proximité, il détermine aussi la distance que maintiennent entre elles deux personnes. L'intimité émotionnelle d'un couple suscite naturellement les échanges intimistes. Une relation fait problème quand un couple échange peu ou pas sur les plans émotionnel et sexuel. Ceci signifie que la distance entre deux êtres est trop grande ou que leur proximité est trop réduite. (Nous reviendrons là-dessus un peu plus loin.)

On dit qu'il y a violation de distanciation quand des amis refusent de régler un différend, quand des parents négligent leur enfant, quand un conjoint se ferme à la communication, quand il fait preuve d'une froideur excessive ou quand il s'obstine à ne pas discuter avec l'autre d'une difficulté majeure.

Le contexte, ou le type de relation, détermine donc la proximité ou la distance souhaitable entre individus. Chaque couple est appelé à définir ce qui lui convient, mais il y a une limite au-delà de laquelle proximité ou distance risque de devenir malsaine. Quoique d'une tout autre nature, cette limite existe également entre parent et enfant. Ne pas respecter une limite que circonscrit le cadre d'une relation constitue une violation de frontières.

Nouveaux mariés

En théorie, c'est dans le mariage, ou au sein d'une union librement consentie, qu'une pleine intimité émotionnelle et physique a le plus de chance de s'épanouir. Le mariage est probablement la plus complexe de toutes les relations que nous sommes appelés à vivre. Il influence profondément notre être intérieur et le cours de notre vie. Pourtant, on s'y aventure souvent sans trop réfléchir, avec insouciance, pour des raisons dont nous ne mesurons pas toute la portée ou pour répondre à des besoins que nous ne comprenons qu'à moitié.

Quand j'aperçois le signe « Nouveaux mariés » sur une voiture, je songe à d'innocents agneaux qui s'engagent dans un inextricable labyrinthe; ou bien je songe à un enfant de quatre ans, placé aux commandes d'un 747 en plein vol. J'ai une envie folle de me précipiter vers ces gens et de leur donner ma carte en déclarant : « Téléphonez dans une semaine — ou ce soir si c'est nécessaire. » Comme j'ai quelques frontières, je ne succombe pas à mes impulsions. Ma compétence tourne presque à l'obsession.

Quoi qu'il en soit, le sujet mérite certes que l'on s'y attarde. C'est ce que nous ferons au chapitre 6. Contentons-nous donc, pour l'instant, d'examiner le degré de proximité ou de distance qui convient le mieux à une relation intime donnée, compte tenu du contexte.

Ce qui appartient à la personne, au couple, et ce qui ne leur appartient pas

Quel sens donner à l'expression « convient le mieux »? Le degré de proximité ou de distance peut varier d'un mariage à l'autre autant que dans le quotidien d'une même union.

La communication nourrit la vie du couple et lubrifie les rouages de la relation : elle permet à chacun de faire connaître à l'autre son besoin de proximité ou de distance.

Une vie de couple idéale dose judicieusement le degré de proximité qui maintient intacte la frontière du couple (et ce qui est au-delà); ainsi, on délimitera la distance qui permet à chacun de préserver son individualité.

Quand un mariage ou une union réussit, chaque conjoint maintient intacte sa personnalité. C'est de leur propre gré qu'ils vivent ensemble. S'il arrivait quelque malheur à l'un deux, l'autre continuerait à vivre.

Il semble qu'un mariage ait de bien meilleures chances de réussir quand les partenaires ont beaucoup en commun (une expérience de vie, un système de valeurs, des activités, des buts), quand ils ont sensiblement le même niveau d'intelligence et quand ils envisagent les choses à peu près de la même manière. Plus ils sont différents, plus la distance entre eux est grande.

D'un autre côté, chacun est unique et cette unicité enrichit une relation, voire l'univers entier. Il est donc impératif que chaque personne prenne l'entière responsabilité de ses actes, et que chacune ait pleinement conscience de ses propres pensées et de ses propres sentiments.

Vivre enchevêtré n'est pas vivre l'intimité

Des problèmes surviendront inévitablement si une personne tente d'influencer la manière de penser de son conjoint ou si elle lui demande d'éprouver les mêmes sentiments qu'elle. Tomber en amour a quelque chose de fébrile et de prenant. En vérité, il y a probablement, au début, plus d'enchevêtrement que d'amour véritable. Qu'une personne ait les mêmes pensées et émotions que nous a quelque chose de rassurant. C'est même merveilleux. Éventuellement, les pensées, les perceptions vont diverger. L'avenir de la relation dépendra alors de la capacité des partenaires à assumer ces différences.

Quand un homme tente de manipuler la manière de percevoir, de penser et de sentir de sa femme, quand il prétend que la façon de ressentir de sa conjointe est déficiente ou inférieure à la sienne, quelque chose ne tourne pas rond. Les frontières qui protègent l'estime de soi de la femme devront disposer d'assises solides si elle veut résister aux attaques de l'homme.

Un monde sépare l'enchevêtrement de l'intimité. L'enchevêtrement ressemble parfois à de l'intimité, mais il ne faut pas s'y leurrer. L'intimité suppose que deux êtres qui se connaissent bien continuent à s'aimer malgré leurs différences et leurs faiblesses. L'enchevêtrement amène une personne à identifier ses pensées et ses sentiments à ceux d'une autre. Ce faisant, elle renonce à une grande partie de sa spécificité. Nous sommes ici loin de l'intimité.

Le témoignage de Donna : son dévouement à sa famille

À l'époque où je me suis mariée, les histoires d'amour qu'on voyait au cinéma ou qu'on lisait dans les revues se terminaient inévitablement par « ils vécurent heureux et eurent de nombreux enfants ». Toutes les femmes du temps ressemblaient à Donna Reed, l'héroïne de la populaire série télévisée *Papa a raison*. Pourquoi cette épouse aurait-elle travaillé? Elle avait un gentil mari qui l'aimait passionnément et qui, dans sa sagesse, pourvoyait à tous ses besoins. On ne lui demandait que de mettre de la variété dans les succulents repas qu'elle préparait, de voir à ce que la maison soit bien tenue, d'être jolie, de faire preuve de patience et d'être en tout temps disponible à son mari et à ses enfants. Avec la meilleure volonté du monde, je n'arrive pas à me rappeler s'il est arrivé à cette maman de partir en voyage avec des amies ou si elle a eu des défis plus substantiels à relever que celui d'empoter ses fleurs.

Je me suis mariée dans l'enthousiasme. Je me libérais de la férule de mon père pour bâtir un monde à la mesure de mes attentes. Je n'allais certes pas être comme ma mère : froide, indifférente à tout. J'ai donc vécu exclusivement pour mes enfants et mon mari. Mon temps était le leur et, pendant quinze ans, je n'ai pas eu de vie à moi. Il m'est arrivé, de temps à autre, de demander l'aide de mon mari. Mais j'ai fini par comprendre que c'était inutile: il me regardait avec l'air de dire que mes demandes dépassaient les limites du raisonnable, que j'en demandais toujours trop.

Et puis, un jour, je suis entrée en thérapie. Mon mari a d'abord appuyé ma démarche. Toutefois, lorsque j'ai découvert que j'avais, moi aussi, des besoins, toute la famille m'a tourné le dos. Mon mari a fait alliance avec ma mère, puis avec ma fille et son conjoint pour me persuader de ne plus y aller. C'était la première fois de ma vie qu'ils étaient confrontés à ma colère : ils ont cru que j'avais perdu la raison.

J'avais énormément de mal à persister. Leur attitude me blessait profondément. Je pensais à tout ce que j'avais fait pour eux. En fait, je leur avais tant donné qu'il ne me restait rien. Et quand j'ai voulu m'occuper enfin de moi, ç'a été la guerre. Ils ne voulaient pas que je change. Je devais continuer à ne vivre que pour eux.

Vous savez quoi? Aucun d'eux n'a jamais apprécié mon dévouement. À leurs yeux, je n'étais qu'une servante stupide, pas une mère ou une épouse respectée. Je les aime plus que tout au monde, mais je dois, pour continuer à m'occuper de moi, me rappeler leur attitude. Que je sois damnée si je laisse aujourd'hui l'un d'eux m'arrêter, même si je les aime plus que tout.

Le témoignage de Carole : l'étouffement de son conjoint

Avant le mariage, Philippe semblait infatué de ma personne. Toutes les occasions lui semblaient bonnes pour que nous soyons ensemble. Il me téléphonait du bureau deux fois par jour. Il m'en voulait pour le temps que je prenais à faire les courses avec des amies ou pour les heures supplémentaires que je passais au bureau à terminer un travail urgent. Je me sentais tellement désirée. Je ne soupçonnais rien.

Mon père était alcoolique et ma mère avait la mentalité d'une servante. C'était merveilleux d'être l'objet de tant d'attentions. Philippe m'envoyait des fleurs à toutes les semaines. Il dépensait une fortune pour les déshabillés qu'il m'offrait en cadeau. Ça m'a tourné la tête.

Mes amies me jalousaient. Mariées depuis un bon bout de temps, la plupart d'entre elles se disaient négligées : « Pas moyen de retenir l'attention d'un gars qui regarde une partie de balle à la télé, même si on se flanque toute nue devant lui. »

J'ai épousé Philippe. Peu après, il a commencé à se plaindre de mon travail. Il disait que ça me retenait loin de lui. En ne travaillant pas, j'aurais bien le temps de dîner avec lui une ou deux fois par semaine. Et puis, nous pourrions enfin être ensemble quand il arriverait à la maison après sa journée de travail, sans compter le fait que je serais toujours là, s'il téléphonait. (Il s'est un jour mis en colère parce qu'il n'a pu me joindre au bureau. J'étais sortie avec mon patron. Philippe l'enviait. Imaginez, être jaloux de ce grand ourson paternel et grisonnant!)

J'aimais mon travail et je m'entendais bien avec mon patron. J'aimais gagner mon propre argent. Mais Philippe insista tellement pour que je cesse de travailler que j'ai fini par céder. Je ne savais plus quoi faire de mon corps, de tous ces temps libres. Il y a quand même une limite au temps qu'on peut passer à cuisiner ou à faire les courses.

Je préparais des dîners fastueux. Philippe adorait ça. Il passait la soirée à chanter mes louanges. Comme le reste, cela aussi a fini par m'ennuyer. À son enthousiasme, j'en suis venue à opposer du cynisme. J'avais l'impression de devenir idiote. Cet homme m'adorait et je n'osais plus le regarder dans les yeux.

Il me fallait réagir avant de devenir complètement folle. À l'époque, notre pasteur avait pour projet d'acheter une vieille maison et de la restaurer; elle servirait de refuge à de futures mères célibataires. Il s'agissait de leur proposer une alternative à l'avortement. Cet homme avait la conviction qu'avec un lieu accueillant, des intervenants compétents, de bons conseils et une aide financière, les filles sauraient tirer parti de leur maternité en mettant de l'ordre dans leur vie.

L'idée m'emballa et je me proposai comme bénévole. Quand il l'a su, Philippe a piqué une colère. Je ne comprenais pas pourquoi il était fâché. J'ai essayé de le calmer en promettant que je verrais à ce que mes heures de bénévolat n'excèdent pas ses heures de travail, que je serais là quand il rentrerait du bureau. C'est alors que ma mauvaise humeur a pris le dessus et je lui ai lancé : « T'inquiète pas, tes soupers princiers n'en souffriront pas. »

Il m'a frappé du revers de la main. J'étais médusée, pétrifiée. Je suis restée un moment à le fixer, puis je me suis ressaisie. Je suis calmement partie en direction de la salle de bain où je me suis enfermée. Derrière la porte, Philippe me suppliait d'ouvrir. Il disait que j'étais ce qu'il avait de plus précieux au monde. Il voulait m'emmener dans un restaurant chic. La dépense importait peu.

Je lui ai fait promettre de ne plus jamais me frapper.

« Je suis à tes pieds », dit-il, « je le jure de tout mon cœur. »

Quand j'ai ouvert, il était à genoux sur la moquette. Mon cœur a fondu. Personne ne m'avait jamais autant aimée.

Il m'a donc emmenée au restaurant. Au moment où le garçon achevait de desservir, il me prit la main et dit : « Ma chérie, je veux que tu comprennes pourquoi j'ai agi ainsi, tout à l'heure. Je n'ai pas d'objection à ce que tu t'impliques dans ce projet. C'est une idée merveilleuse. Mais tu aurais pu m'en parler avant. Et si j'avais eu besoin de toi pour autre chose? Il aurait fallu que tu désavoues ton engagement envers un prêtre. Désormais, j'aimerais que tu me fasses part de tes projets avant de t'y engager et il n'y aura plus de scènes entre nous. »

Il m'a semblé que quelque chose ne collait pas, mais sa demande était une si petite chose. Je promis de le tenir au courant. Ça ne me coûtait rien et ça semblait si important pour lui.

Pour un temps, tout parut rentrer dans l'ordre. Le père Michel et moi avons déniché une splendide résidence que nous avons payée avec les dons que nous avions recueillis. Beaucoup de familles participèrent à sa restauration. Philippe, bien sûr, était toujours là. (L'électricité, la plomberie et le chauffage n'ont aucun secret pour lui.) J'étais tellement heureuse qu'il consacre tant d'énergie à la maison Horizon. Et dire qu'il était originellement d'une autre confession. Mais je tenais beaucoup à ma foi et, par amour, il s'était converti.

Ça tournait mal seulement quand il rentrait et que je n'étais pas là. J'ai contourné cette difficulté en déployant des montagnes d'imagination pour qu'il pense que je l'attendais à la maison lorsqu'il rentrait. Tôt le matin, avant de partir pour la journée, je préparais un dîner et je mettais la table. Parfois, je mettais aussi un plat au four et réglais la minuterie de la cuisinière pour que tout soit prêt en fin de journée.

Combien de fois n'ai-je pas traversé la ville à toute vitesse, garé la voiture en catastrophe, couru dans la dépense pour y cacher mon manteau avant d'enfiler un tablier au moment même où il franchissait la porte d'entrée. Et puis, un beau jour, il s'est passé quelque chose de bizarre. Il est arrivé avant moi. Le repas chauffait au four et une délicieuse odeur embaumait la maison. Je suis rentrée avec un petit sac à la main qui contenait un assaisonnement que j'avais acheté dans la matinée. Philippe avait sa tête des mauvais jours. Puis, il a vu le sac : « Oh! », s'est-il radouci, « tu étais juste partie faire une course. »

Je ne suis pas une imbécile. Je lui ai dit que j'avais oublié d'acheter un pot de « horseradish ».

Il a été courtois et m'a aidée à retirer mon manteau. Je suis allée à la cuisine convaincue que je l'avais échappé belle. Le lendemain, je suis allée acheter deux ou trois produits (du genre croûtons, épices, etc.) que je gardais en réserve dans la voiture, au cas où je serais de nouveau en retard. Cette tactique a très bien marché. Philippe se convainquit que j'étais un peu distraite et raconta toutes sortes d'histoires amusantes à ce sujet à nos amis. Je souriais et pensais que ces entorses à la réalité valaient leur pesant d'or. Mais pourquoi donc avais-je droit à de la courtoisie quand j'oubliais quelque chose et à une scène quand je travaillais plus longtemps que prévu à la maison Horizon? Je n'en sais toujours rien.

Curieusement, ma vie sexuelle a commencé à se détériorer. Avant d'épouser Philippe, tout m'attirait irrésistiblement en lui : sa chevelure foncée, ses yeux d'ébène, sa passion, son enthousiasme pour la vie. Comment n'aurais-je pas été émue par tant de fougue. Je ne peux même pas décrire le sentiment qui me subjuguait quand, les premiers jours de notre mariage, il posait sur moi un regard intense, brûlant de désir. C'était comme de dominer le monde. Philippe était un amant accompli. De toute évidence, son plaisir était de m'en procurer.

Je ne comprenais tout simplement pas pourquoi je me refroidissais. Je crois que tout a commencé quand j'ai quitté mon travail. Il semble que je me sois alors quelque peu éloignée de lui : il me caressait le bras et je ne sentais presque rien. Faire l'amour perdait de son piquant.

Quand je repense à tout cela, il me semble maintenant que la situation s'est davantage dégradée quand il a commencé à raconter toutes ces histoires où je passais pour une oublieuse. Au lit, j'ai commencé à faire semblant. Il fallait que je force mon esprit à rester présent.

Et puis, il est arrivé cette histoire d'élection à la mairie. Philippe était du parti de Paul Lamothe, mais mon idée était faite pour André Boivin. Quand Philippe m'a demandé ce que je pensais de Lamothe, je lui ai dit que je préférais Boivin. Il avait été un commissaire d'école responsable. Je l'avais d'ailleurs déjà rencontré et il me semblait être un homme qui avait de l'aplomb. Sa femme avait du cran; elle n'avait pas l'air d'une femme de politicien attachée à une laisse. En discutant, je me suis un peu échauffée. Je ne crois pas que Philippe voulait vraiment connaître mon opinion.

Dans mon enthousiasme, je n'ai pas remarqué la menace qui assombrissait son regard. J'ai fini par m'en rendre compte et j'ai changé de ton pour ajouter : « Au fond, Paul Lamothe est un type très bien. »

Le visage de Philippe s'est aussitôt radouci et j'ai eu comme l'étrange sensation de l'avoir échappé belle. Je sentais que cette phrase m'avait sauvée, même si je ne pouvais dire en quoi exactement. Néanmoins, la guerre était déclarée. Philippe ne ratait plus une occasion de me vanter les mérites de Paul Lamothe. Il m'inondait de dépliants, il me racontait ses exploits. Vous ne le croirez peut-être pas, mais il m'a fait visiter les locaux du parti. Il est allé jusqu'à me présenter Lamothe en personne.

Moi, je ne faisais qu'écouter. Il m'arrivait de dire : « André est quand même celui qui a accompli telle et telle chose. » Philippe rappliquait en me citant une pléthore de réalisations de son candidat. Trois jours avant l'élection, il m'a demandé pour qui j'avais l'intention de voter.

J'ai répondu : « André Boivin. » Il s'est fâché : « C'est parfaitement stupide. Paul Lamothe est de toute évidence le candidat idéal. »

Il m'a reposé la question à tous les jours et j'ai donné la même réponse. Philippe se fâchait chaque fois. Le jour de l'élection arriva. Il en remettait sur Lamothe, il divaguait. Puis, j'ai encore une fois eu droit à la question fatidique.

Je ne suis pas très fière de moi, mais je lui ai dit que je voterais pour Paul Lamothe. Philippe triomphait. Il m'a conduite au bureau de vote. Il m'a acheté des fleurs au retour. Je ne lui ai jamais dit qu'en vérité j'avais voté pour André Boivin. Par la suite, je ne me suis jamais plus opposée ouvertement aux idées politiques de Philippe, mais je n'en ai pas moins toujours voté pour le candidat de mon choix.

Paul Lamothe a été élu. Philippe a déclaré à tous nos amis que j'avais participé au succès de l'équipe gagnante. Je ne sais pas en quoi cela m'a contrariée. Je n'aimais pas l'idée que les gens croient que j'avais donné mon appui à Lamothe. Je pense que cet homme était malhonnête. C'est après cette mésaventure que mes difficultés sexuelles avec Philippe ont pris de l'ampleur.

Un jour, le père Michel m'a demandé de l'aider à décorer la maison Horizon. C'est le genre de truc qui me passionne. Pour un pasteur, cet homme avait un goût certain. Nous nous sommes amusés comme des fous à rafistoler les dons que l'on recevait. Bien sûr, les gens étaient très généreux. Cependant, on a beau ne pas faire trop les difficiles, il était évident que certains choses ne valaient pas un rond.

On se débarrassait d'abord de ce qui était irrécupérable. Puis, on attribuait une place dans la maison à chaque meuble ou objet. Il fallait aussi faire des courses pour se procurer le matériel (tissus, coupons, moquettes) afin de rajeunir tout ça.

Un jour, nous sommes allés chez Fannie, un magasin à rayons, pour y acheter des draps. Je regardais le père Michel qui avait les bras chargés de paquets et je me suis mise à penser à ce que les autres devaient songer en cet instant précis. Que dire de cet homme en collet romain flanqué d'une jolie femme qui, parmi les lits et les matelas, s'empêtrait dans les draps et les taies d'oreiller. La situation avait quelque chose de comique et nous avons tous deux éclaté de rire en même temps. Pour un pasteur, le père Michel avait le sens de l'humour.

Je suis rentrée tôt cette journée. Je n'ai pas traversé la ville à vive allure. J'étais heureuse et détendue. Quand j'ai ouvert, quelqu'un m'a asséné un coup de poing au visage. Je me suis écroulée en pensant que j'avais dû surprendre un voleur. Quand j'ai levé les yeux, j'ai vu Philippe.

« Mais qu'est-ce qui te prend? » ai-je crié. « C'est moi! » Je pensais que c'était lui qui avait cru à un voleur.

« Est-ce que je te connais vraiment? » a-t-il remarqué avant de me relever de force pour frapper de nouveau. Ça m'a pris quelques instants avant de réaliser qu'il était conscient de ce qu'il faisait, qu'il me frappait intentionnellement.

À travers ses cris, j'ai compris qu'il avait surpris la scène de chez Fannie. J'ai tenté de lui expliquer ce qui s'était passé. Je croyais que les coups cesseraient s'il apprenait les faits. J'ai deviné qu'il était jaloux du père Michel et j'ai essayé de le raisonner. Soudainement, j'ai compris que la raison n'avait rien à voir dans tout ça.

Je me suis éloignée de Philippe en reculant subrepticement vers la porte d'entrée. Dès que j'ai pu, j'ai couru à ma voiture (j'avais oublié mon sac à main, mais les clés étaient dans ma poche) et j'ai verrouillé les portes.

Philippe s'élança à mes trousses et actionna la porte de garage. J'ai eu le temps de reculer la voiture dans la rue, mais la porte érafla le capot. Il a presque réussi à m'arrêter.

J'ai pris la première rue qui s'est présentée. J'ai erré à travers la ville, paralysée par la peur. J'avais honte et je n'osais me rendre chez le père Michel. Je ne voulais pas que quelqu'un sache ce qui m'était arrivé. Sans trop m'en rendre compte, je me suis rendue chez ma meilleure amie.

J'étais en état de choc, incapable de me résoudre à quoi que ce soit. Deux jours plus tard, j'avais suffisamment recouvré mes sens pour admettre que mon mari me battait, qu'il aurait bien pu m'abattre dans le garage pour la seule raison que je m'étais innocemment amusée.

Ma copine a pris soin de moi pendant une semaine. Elle a caché ma voiture dans son garage et m'a aidée à trouver une thérapeute. Elle m'a aussi accompagnée à ma première réunion chez les Codépendants anonymes.

Au cours de la soirée, une femme a témoigné du fait qu'elle n'éprouvait plus aucun désir sexuel envers son mari. Se sentant menacée, elle exerçait un tel contrôle sur ses émotions qu'elle n'osait même plus aborder la question ouvertement avec lui. J'ai été tellement soulagée d'entendre ça. Je vivais exactement la même chose. Bizarre que je n'en avais pas encore glissé un mot à ma thérapeute. Mais je n'avais jamais parlé de sexe avec personne. Je pensais que c'était moi qui avais un problème parce que j'étais indifférente aux caresses d'un mari pourtant attentionné. À la vérité, je ne savais pas écouter mon corps. J'ai fini par saisir ce que mon corps, dans sa sagesse, essayait de me dire et ce que ma tête, depuis des années, se refusait à admettre : je ne voulais plus de Philippe.

Je n'allais pas être comme les femmes des séries télévisées qui restent avec leur mari alors que la situation se détériore d'année en année en dépit de promesses et d'excuses réitérées. Il fallait que ça cesse immédiatement.

Philippe a tout essayé pour que je revienne avec lui : voyage à Hawaii, nouvelle maison, don substantiel aux œuvres du père Michel. Il jura qu'il ne me frapperait plus jamais. Mais les appâts par lesquels un mari essaie de regagner sa femme étaient un sujet qui avait déjà été abordé par les membres du groupe anonyme que je fréquentais — depuis, j'ai acquis la ferme conviction que jamais plus je ne monnaierais ma confiance en moi. J'ai vu trop de femmes dans cette situation que la peur a fini par paralyser. Je ne me rendrais certainement pas jusque-là.

Cette décision m'a cependant coûté très cher. Je songe à la candeur qui m'habitait quand je me suis mariée. Je ne savais rien à vingt ans. Je repense à certaines de mes voisines qui, à 40 et 50 ans, me mettaient en garde contre les hommes en usant de propos acerbes, voire cyniques. Je me disais alors : « Vieilles chipies, vous parlez ainsi parce que vous n'avez plus confiance en personne. Je ne serai jamais comme vous. »

Je vois aujourd'hui qu'elles parlaient par expérience. J'ai beau chercher, je ne trouve pas une seule femme de 40 ans qui, envers les hommes, a conservé l'enthousiasme et l'innocence de ses vingt ans. L'expérience nous a enseigné.

Tu es moi

Quand un couple vit enchevêtré, quand l'un et l'autre sacrifient leur individualité au nom de la relation, ce qu'ils sont et ce qui les lient ne peuvent qu'en souffrir. Il arrive parfois, comme Carole l'a expérimenté, que l'un des conjoints amène l'autre à renoncer à ses idées, à sa façon de voir, à ses penchants naturels. Parfois, il peut arriver, comme Donna en a témoigné, qu'une conjointe adopte volontairement les idées et les croyances de l'autre.

Si, au cours de l'enfance, toutes les énergies sont consacrées à assurer sa propre survie, il n'en restera guère pour développer une véritable conscience de soi. Les femmes qui ont vécu pareille situation arrivent au mariage passablement carencées. Elles n'hésiteront pas à adopter les attitudes, les idées et la philosophie de leur conjoint.

Au début, cette fusion semble parfaitement satisfaisante aux époux. La femme sent qu'elle a désormais de nouvelles idées à défendre et sa confiance en elle lui paraît rehaussée. En éduquant sa femme, le mari se sent d'autant plus valorisé — d'autant plus flatté — qu'elle semble apprécier ses conseils. Que se passera-t-il donc, plus tard, lorsqu'elle différera d'opinion? L'équilibre sera perturbé. La femme ira à l'encontre d'un comportement acquis. Le mari pensera probablement qu'elle s'en prend à sa façon de penser.

Qui fait réellement avancer les choses?

Quand une personne décide de toutes limites et réfléchit pour deux, quelque chose de subtil change dans la relation. Cette personne en vient à penser qu'elle a plus d'importance que l'autre, qu'elle est investie d'une plus grande autorité. N'importe qui ayant occupé des postes de subalternes en sait quelque chose.

J'ai travaillé dans le domaine de la santé. L'expérience m'a définitivement ouvert les yeux. Qui fait réellement fonctionner l'hôpital? Les infirmières. Elles ont une vue d'ensemble de la situation, assurent la continuité des dossiers, restent à l'écoute des patients, et voient à ce que tout fonctionne bien. À qui vont les salaires élevés? À qui reconnaît-on tout le mérite? Aux médecins. Ils arrivent pressés, voient quatre patients à l'heure, barbouillent quelques mots à leurs dossiers et disparaissent. Bien sûr, ils sont responsables de leurs actes (et ont à verser des primes d'assurance rondelettes), mais ils récoltent fortune et gloire.

Qui fait fonctionner un bureau? Les secrétaires. Depuis deux ans, je n'ai pas parlé à mon agent d'assurances. Sa secrétaire évalue les primes, renouvelle les polices, en rédige d'autres pour les nouveaux clients. Qui touche la meilleure rémunération? Qui se croit indispensable? Mon agent. Il embauche la secrétaire, lui donne des instructions et s'esquive pour le dîner.

Beaucoup de mariages fonctionnent ainsi. Le conjoint, disons le mari, qui s'approprie le processus décisionnel et réfléchit pour deux, accapare l'autorité dans le couple; il a l'impression de porter la culotte, même si c'est sa femme qui voit à ce que tout marche rondement. Ce déséquilibre des forces finit par défavoriser l'épouse qui en vient à douter de son importance, de sa valeur, de ses idées. Elle augmente sa dépendance envers le mari et s'enfonce dans l'enchevêtrement.

Plusieurs mariages ont adopté le modèle de la femme soumise au chef de famille. Je croyais pourtant que ce type de relation avait disparu de notre culture. Je me trompais. Beaucoup se marient encore en pensant que l'homme dirige et que la femme le seconde.

Plusieurs citent la Bible pour se justifier. La Bible dit que l'homme est le chef spirituel du foyer. L'Épître aux Éphésiens (5, 25-33) fait clairement état des responsabilités qui incombent aux maris, pas seulement aux femmes, dans le mariage. J'ai remarqué que les hommes qui s'autorisent de la Bible négligent volontiers ce texte où sont pourtant définis leurs devoirs conjugaux. Nulle part dans la Bible il est dit qu'une femme n'a pas le droit d'avoir des idées. Au contraire, toutes celles que les Écritures citent en exemple ont été des femmes de tête, opiniâtres, combatives. Certaines ont même osé défier Dieu.

Un être enchevêtré est un être ignoré

De toute évidence, une relation trop distante amène une perte d'intérêt du romantisme. Cela peut sembler étonnant, mais l'enchevêtrement produit le même effet. En voici la raison. L'enchevêtrement, on s'en souviendra, donne l'impression, pourtant fausse, de rapprocher les gens. Toutefois, le processus tend à annihiler l'individualité de l'un des conjoints. Conséquemment, un être enchevêtré devient un être ignoré.

Philippe donnait l'impression d'aimer passionnément Carole. En vérité, il ne la connaissait même pas. Il souhaitait occuper exclusivement toutes ses pensées. Il voulait que les idées de sa femme reflètent fidèlement les siennes. Il désirait contrôler ses décisions. Philippe a fait tout ce qui était en son pouvoir pour écarter Carole de son travail, de ses amies, de tout ce qui aurait pu l'éloigner de lui. Ce genre d'obsession compulsive sur une personne est trompeuse. Carole a d'abord cru qu'elle était au centre de l'univers de Philippe. C'était plutôt une image idéalisée de Carole qui, en fait, occupait cette place. Quand la vraie Carole refaisait surface, Philippe la rejetait. Il ne faut guère s'étonner que Carole ait perdu la capacité de sentir le toucher de son mari. Ce n'était pas elle mais son image qu'il caressait.

Le témoignage de Philippe : sa version des faits

Quand j'ai épousé Carole, je croyais avoir trouvé la plus belle de toutes les fleurs de la terre. Son teint de rose dégageait tant de fraîcheur, tant de timidité. Elle ne ressemblait en rien à ma mère dont l'inflexible volonté aurait pu arrêter un char d'assaut.

Carole m'écoutait avec adoration. Je l'admets volontiers, cela me plaisait. Jamais mes parents n'avaient voulu entendre ce que j'avais à exprimer.

Je lui vouais un véritable culte. Elle était ma reine, mon idéal de la féminité. Je voulais tout lui donner, les plus beaux vêtements, la plus belle demeure. Je voulais qu'elle ne manque de rien.

Carole n'avait pas besoin de travailler. Pour quelles raisons laisserait-on tant de grâce se perdre dans des tâches insignifiantes? Je gagnais trois fois plus d'argent. Elle n'avait qu'à prendre soin d'elle à la maison; je m'occupais de tout. Je me satisfaisais d'ailleurs de peu. Rentrer à la maison après une dure journée de travail, manger un bon repas, apercevoir son joli minois. Le bonheur de cet instant occupait toute ma journée. Était-ce réellement trop demander?

Je n'avais vraiment besoin de rien d'autre. Qu'elle soit là pour m'accueillir, que le dîner soit prêt, qu'elle me laisse lui faire l'amour. Quelqu'un pourrait-il m'expliquer ce qu'il y a de déraisonnable là-dedans?

Ne voyez-vous pas que je l'aimais plus que tout, plus que la vie elle-même? Je n'aurais pas hésité un instant à lui sacrifier la mienne.

Je n'ai jamais voulu la frapper. Je voulais me couper la main quand c'est arrivé. J'étais horrifié. Je ne crois pas, comme certains hommes, qu'une épouse a besoin d'être corrigée.

J'aimerais cependant que l'on comprenne comment je me suis senti quand c'est arrivé. Je m'étais arrêté chez Fannie pour lui acheter un cadeau. Carole occupait toutes mes pensées. Je lui étais fidèle jusqu'à la moelle des os. Je ne portais même pas les yeux sur les autres femmes.

Je me dirigeais vers le rayon des déshabillés qui se trouve de l'autre côté des édredons et de la literie. C'est là que j'ai vu une femme d'une grande beauté qui riait aux éclats. Elle paraissait tellement heureuse. Je pensais à l'homme qui l'accompagnait, à la chance extraordinaire qu'il avait d'apporter tant de bonheur à une femme si merveilleuse. Quand je me suis rendu compte que cette femme était Carole, j'ai perdu la tête. Ne comprenez-vous pas? J'aurais acheté tout l'or des mines du Kentucky si cela avait pu rendre Carole aussi heureuse qu'elle le paraissait à cet instant. Penser qu'un autre que moi, même un pasteur, pouvait faire son bonheur m'a été insupportable. Elle était mienne et mienne seulement.

Je ne comprends rien à cette histoire d'élection. Je voulais juste empêcher Carole de faire une gaffe. Elle ne connaît pas ces hommes comme moi je les connais. Paul Lamothe est membre de mon club. Il est un type très bien. C'est toujours commode de connaître quelqu'un d'influent.

Je ne crois pas que faire l'amour ne l'intéressait plus. Quand on s'est mariés, elle était incroyablement spontanée, pleine d'innocence, de passion. J'ai besoin d'exprimer mon amour de différentes manières : physiquement, mais aussi avec des paroles, des gestes concrets.

La thérapeute m'a demandé si je connaissais les opinions de Carole, ses intérêts dans la vie. Si je les connais! Carole aime que sa maison soit impeccable. Elle adore cuisiner. Elle se plaît à se faire belle pour moi. C'est une femme active, une véritable « lady », comme il ne s'en fait plus.

C'est aussi une hôtesse hors pair. Tous vous diront à quel point ils s'amusaient ferme lorsqu'ils dînaient à la maison. Elle n'a pas son pareil pour mettre les gens à l'aise, pour qu'ils se sentent chez eux. J'ai toujours été très fier qu'elle soit ma femme. Nous avons passé des soirées intimes inoubliables. Je lisais ou je lui faisais la conversation. Elle brodait et écoutait. Qu'elle était donc votre question? Laissez-moi réfléchir... Les choses qu'elle aime dans la vie? Oui? Eh bien! Elle aime recevoir et faire de la couture.

Vous voudriez que j'élabore? Qu'est-ce que ça changerait? Ce qui importe est que je l'aime, que je l'aime plus que tout au monde. Je ferais n'importe quoi pour elle. Tout le reste est sans importance.

Est-ce que ce mariage est récupérable?

Peut-être. Une relation fait problème quand l'une des deux parties adopte unilatéralement un point de vue et refuse d'envisager une autre perspective. Il est pour certains rassurant de croire que la façon dont ils envisagent la vie est la seule qui soit valable, que rien n'est possible au-delà de cette réalité. Ce que Philippe ignore n'existe pas. Point à la ligne. Son amour pour Carole sera peut-être assez grand pour lui ouvrir l'esprit. Sinon, il cherchera une autre femme à idolâtrer et passera le reste de sa vie dans l'ignorance de sa vraie nature.

La relation de Carole et Philippe illustre sans la moindre ambiguïté ce qui distingue l'enchevêtrement de l'intimité.

Ceux qui vivent une véritable intimité favorisent la proximité physique et émotive, aspirent à une connaissance approfondie de l'autre, explorent ses pensées, conscientisent la diversité et la similitude des points de vue, des attitudes, des préférences, des idéaux, des valeurs et des buts de chacun. L'intimité reconnaît à chacun le droit d'exprimer son désaccord, d'affirmer la différence de ses besoins, de ses désirs.

Et que dire d'une différence trop marquée entre partenaires? Que se passe-t-il quand la distance d'une relation de couple est trop grande?

Un manque d'intimité signifie qu'une personne s'efface

La distance grandit quand on évite d'aborder les questions importantes. Si l'intimité veut que l'on se révèle à l'autre, le manque d'intimité suppose nécessairement une méconnaissance de l'autre. Quand deux personnes ne discutent jamais des difficultés, des sentiments, des besoins et des désirs qu'ils éprouvent, ils se désintéressent l'un de l'autre et finissent par s'éloigner.

L'éloignement prend de l'ampleur quand l'un des conjoints fait émotionnellement preuve de froideur ou d'indifférence, quand il n'est plus disponible à l'autre, quand il laisse l'alcool, le travail ou les drogues l'accaparer, quand il ne songe qu'à acquérir des biens matériels ou d'être au sommet, quand il vit dans la peur du lendemain, quand il laisse le stress l'envahir au point qu'il n'est plus capable de sortir de lui-même pour aller vers l'autre.

Pourquoi un mari fait-il preuve de froideur envers sa femme? Montrez à un garçon à ne pas tenir compte de ses sentiments et il n'apprendra jamais à entrer en contact avec ses émotions. On se rappellera que les frontières émotionnelles se développent à mesure que l'on apprend à se connaître et à identifier ses sentiments. Empêcher un enfant d'entrer en contact avec son monde intérieur, c'est l'empêcher de se développer normalement.

Comment un homme peut-il rentrer du bureau et exprimer son angoisse s'il n'a jamais appris à l'identifier? Si ses sentiments ont jadis été réduits au silence, il ne sait probablement pas que ces choses existent.

Ressentir ou ne pas ressentir

Les femmes font parfois des pieds et des mains pour amener les hommes à exprimer leurs sentiments. Certaines parleraient le swahili qu'elles ne seraient davantage comprises. D'autres donnent libre cours à leurs émotions et, ce faisant, rappellent aux hommes pourquoi ils ont jadis renié les leurs : parce que les émotions sont compliquées, parce qu'elles nous font perdre le contrôle. Accepter ou refuser de ressentir ses émotions devient l'enjeu d'une énorme bataille de pouvoir, une bataille qui fait encore de nombreuses victimes tant chez les hommes que chez les femmes.

Beaucoup de garçons ont appris que leur valeur réside dans ce qu'ils peuvent accomplir, et non dans ce qu'ils peuvent être. La plupart se tourneront donc vers l'action qui, naturellement, deviendra leur refuge.

Incapable d'entrer en contact avec ses sentiments, ni de les exprimer, un homme se cantonnera dans tout ce qui lui permettra de les contenir : l'alcool, la drogue, la nourriture, le stress, le travail compulsif, un passe-temps obsessionnel, un besoin irrépressible de posséder des biens matériels.

Comment s'en sortir? Une aide spécialisée permettra à un individu d'aller chercher ce dont son enfance l'a privé. Un thérapeute, un conférencier, un mouvement anonyme sont autant de façons de se réapproprier son moi intérieur, de renouer d'une manière constructive avec ses sentiments, ses souffrances — sans céder à l'envie de frapper ou de démolir le premier venu. Une aide spécialisée soutient l'expression des émotions jusqu'à ce qu'on puisse les assumer seul.

Une épouse est somme toute mal placée pour apprendre à son mari à ressentir ses émotions. Le mariage répond à d'autres besoins. Toute tentative du genre risque de saboter le processus de recouvrance. Ni l'un ni l'autre n'en sortira grandi.

Tes quartiers et les miens

Plus grande est la différence qui caractérise les partenaires, plus grande risque d'être la distance qui les sépare. Pour que l'intimité s'installe, il faut une communication sans faille et des frontières clairement définies.

(À vous qui avez peur de l'intimité, je conseille de choisir un conjoint très différent de vous. Vous passerez tous deux votre temps à régler les problèmes qui découlent de la distance qui vous sépare. Avec toutes ces difficultés, vous en oublierez que l'intimité, dans votre couple, n'existe tout simplement pas.)

Si ton but dans la vie est d'amasser le plus de biens possible et que le mien est de vivre simplement, libre de toute dépendance aux objets, il nous faudra des frontières solides pour que nos modes de vie respectifs ne perturbent pas notre relation. Tes objets risquent en fait d'encombrer l'espace que réclame mon confort.

La solution? Départager les pièces de la maison. Tu auras tes quartiers et j'aurai les miens. Chacun sera libre d'aménager son espace vital, de le décorer selon ses goûts. Il faudra aussi que chacun chemine un peu pour comprendre et accepter que ses valeurs individuelles ne menacent pas celles de l'autre, qu'elles sont seulement différentes et comportent des avantages, même si elles laissent l'autre indifférent.

L'intimité est un long apprentissage

Le mariage, ou une union librement consentie, accorde une place de choix à l'intimité tant physique qu'émotionnelle. Si les conjoints apprennent à mieux se connaître, à s'accepter, l'intimité fleurira naturellement. Toutefois, il n'est pas toujours facile de déterminer laquelle, de la proximité ou de la distance, convient à une situation donnée.

S'il y a trop de distance, on commence à vivre chacun de son côté. Avec le temps, les messages et leurs significations se démarquent de plus en plus. La satisfaction sexuelle va en diminuant.

Avec l'enchevêtrement, une personne (sinon les deux) sacrifie ce qui la distingue de l'autre qui, souvent, en vient à ne plus la respecter. Il est également possible que les conjoints perdent de vue la spécificité de l'autre. Ici aussi, l'épanouissement en prend pour son rhume.

Ainsi, les personnes qui se marient sont appelées à développer leur individualité dans le contexte de l'intimité. C'est un difficile et périlleux défi à relever, même si on s'y engage sur une base volontaire. La croyance populaire veut que l'intimité soit quelque chose de magique, qui s'installe dès que les vœux sont échangés, qui cimente instantanément le couple. Mais la vérité est que l'intimité est un long apprentissage auquel on ne peut consentir que de plein gré. Nous examinerons l'intimité plus en détail au chapitre 8.

L'amitié

Quel est le degré de proximité qui convient à l'amitié? En un sens, il n'y en a pas. Certains amis se contentent d'aller au cinéma une ou deux fois par mois; d'autres partagent quotidiennement leurs plus intimes secrets.

Deux amis peuvent être très proches émotivement l'un de l'autre. Comme dans le mariage, l'intimité est ici tributaire de la qualité de la communication et de la capacité qu'ont les partenaires de s'ouvrir à l'autre. Les contacts physiques ne sont nullement exclus. Certains amis se font l'accolade, se serrent l'un contre l'autre d'une manière non sexuelle, ce qui leur apporte chaleur et réconfort.

L'intimité sexuelle (qui, en plus de l'activité sexuelle, comprend également l'attirance à caractère sexuel que l'on éprouve l'un pour l'autre) modifie nécessairement les frontières d'une relation. Est incomplète une aventure sexuelle où il n'entre presque pas d'intimité émotionnelle. Si les partenaires ne suppléent pas à cette carence émotionnelle, la relation et sans doute les individus eux-mêmes en souffriront.

Il fut un temps où une mentalité tellement étroite régissait l'activité sexuelle de la société américaine qu'une femme n'était pas supposée connaître la jouissance, même dans le mariage. En fait, elle ne devait même pas parler de la chose.

L'Amérique a réagi au puritanisme victorien de ses mœurs et la révolution sexuelle a débordé le cadre du mariage pour s'étendre aux rencontres occasionnelles. En fait, le pendule est peut-être allé trop loin dans la direction opposée. En effet, il n'est pas rare aujourd'hui que des adolescents, qui se connaissent à peine, s'adonnent à des activités sexuelles.

Mais le SIDA nous a servi une dure leçon, une leçon de responsabilité. Nous commençons maintenant à reconnaître les frontières nécessaires aux activités sexuelles. Se lier inconsidérément avec quelqu'un qui refuse délibérément de respecter ces frontières peut causer d'atroces souffrances.

Le degré de proximité ou de distance qui convient à des amis varie donc considérablement selon la relation qu'ils entretiennent. Plus ils s'ouvrent l'un à l'autre, plus ils accueillent leurs différences; plus la distance diminue, plus la proximité croît.

L'intimité physique sans sexualité enrichit et réconforte. Avec la sexualité, la nature de la relation change. Une relation grandit si l'intimité émotionnelle vient encadrer l'activité sexuelle et si les partenaires peuvent communiquer ouvertement, même lorsqu'ils abordent des sujets difficiles. Si l'intimité émotionnelle et la communication sont carencées, la relation connaîtra de sérieux problèmes.

Parents et enfants

La plupart des parents donneront nourriture, vêtements, logis, protection et sécurité à leurs enfants. Mais un enfant a besoin de beaucoup plus. Il requiert de l'attention, des conseils, de l'affection, de la sympathie et des contacts physiques non équivoques.

L'attention du parent amène l'enfant à percevoir et à développer ses frontières. En effet, s'intéresser aux activités que l'enfant pratique l'aide à se valoriser dans l'action. Avoir de l'intérêt pour ce qu'il pense élargit les horizons de son propre processus de pensées. Dispenser des conseils judicieux lui permet d'ordonner son propre système de valeurs et lui permet de mesurer ses limites — nous touchons ici les fondements mêmes de toute frontière. Donner de l'affection en touchant un enfant lui communique un sens d'appartenance, lui indique qu'il fait partie d'un tout : l'enfant développe ainsi ses frontières pour clairement distinguer ce qu'il est de ce qu'il n'est pas.

Une relation parent-enfant comportant trop de distance ou trop de proximité fait problème. Pour l'enfant, trop de distance signifie abandon, détresse émotionnelle. Trop de proximité — l'enchevêtrement — bloque le développement de l'individualité de l'enfant; ce dernier pourra aller jusqu'à croire qu'il est responsable du bien-être de ses parents.

La distance refroidit le cœur

Pourquoi certaines personnes sont-elles distantes émotionnellement? Pour quelles raisons des parents restent-ils distants de leurs enfants? Comment un père en vient-il à s'attendre que sa fille satisfasse ses besoins à lui? Ne comprend-il pas que c'est elle qui a besoin de lui?

Plusieurs raisons poussent les gens à se distancer des autres ou à vivre l'enchevêtrement : parents abusifs, dépendance aux drogues, niveau élevé de stress, besoins non comblés ou incapacité d'assurer sa protection.

Nous éduquons nos enfants comme on nous a éduqués

À moins d'avoir reçu de l'aide, à moins d'avoir appris à combler nos propres besoins, on éduque nos enfants comme on nous a éduqués. Comment enseigner l'intimité quand on n'a connu que l'éloignement? Comment établir une limite quand on n'a vécu que l'enchevêtrement?

La personne capable de vivre de l'intimité a identifié ses émotions et ses besoins. Elle sait les communiquer aux autres et s'assure qu'ils ont été compris. Elle a la capacité de régler ses différends et de maîtriser sa colère. Elle maintient un certain équilibre dans la vie et respecte les besoins, sentiments, pensées et réactions d'autrui. Avec des parents qui se seraient adonnés à de l'enchevêtrement ou qui auraient vécu émotivement distants, elle ignorerait presque tout de cela.

Des parents distants évitent les contacts émotionnels. Leurs enfants vivent dans l'isolement. Laissés à eux-mêmes, ils ne reçoivent pratiquement aucun conseil et se voient ainsi privés du feed-back qui leur permettrait d'entrer en contact avec leurs émotions. À l'opposé, un enfant qui vit l'enchevêtrement s'identifie aux sentiments de ses parents, à leurs pensées, à leurs valeurs, pas à celles qui lui appartiennent en propre.

Devenus à leur tour parents, ces enfants communiquent ce qui leur a été inculqué ou le contraire s'ils réagissent négativement à leur éducation. Par exemple, une jeune fille élevée par des parents distants sera distante avec ses enfants ou bien partout présente dans leur vie. En voulant absolument leur éviter la froideur qu'elle a connue, elle risque bien malgré elle d'enchevêtrer leur vie à la sienne. Du coup, elle les empêchera d'affirmer leurs différences.

Quand on a des enfants, il est presque inévitable de reproduire les comportements de nos père et mère ou, au contraire, d'adopter les défauts de leurs qualités. Il est aussi possible que nous combinions ces deux attitudes.

Le témoignage de Laura : les enfants et leur droit à l'insouciance

J'ai appris à répondre aux besoins d'autrui depuis que je suis une toute petite fille. Ma grand-mère occupait le plus clair de son temps à faire du bénévolat dans des ventes de charité. En fait, elle n'était presque jamais à la maison.

À la voir aller et parce que je me sentais tellement seule, j'ai appris qu'on n'existe que pour servir les autres. Dans mon cas, ça voulait dire être à l'écoute des besoins de ma mère : mes responsabilités consistaient à la protéger et à empêcher que mes grands-parents ne découvrent ce qu'elle cherchait à leur cacher.

Le jour où je suis tombée enceinte, je ne vivais plus que pour ma fille. Elle représentait tant pour moi ! Imaginez, elle allait être à moi seule, elle serait ma famille ! Mais n'était-ce pas surcharger les frêles épaules d'un être qui ne faisait même pas le poids d'un sac de pommes ?

Elle est morte à la naissance. J'imagine aujourd'hui quel genre de maman j'aurais été. J'aurais exigé qu'elle réponde à mes besoins. À l'époque, je ne savais rien de l'éducation des enfants. J'étais pourtant bien élevée et l'école me réussissait. Cependant, j'imagine très bien le genre de choses que je lui aurais dites : « Je n'ai pas le temps, plus tard, chérie. » « Ne me dérange pas. Ne vois-tu pas que je suis occupée? » « Va me chercher mes cigarettes. » Ses attentes m'auraient sans doute exaspérée. Comment aurais-je pu les combler, j'étais incapable d'être à l'écoute de mes propres besoins?

La responsabilité n'incombe pas à l'enfant

Comment, en effet, les parents peuvent-ils répondre aux besoins de leurs enfants quand ils ne sont même pas à l'écoute des leurs? Certains y mettent beaucoup d'efforts, mais ne parviennent qu'à de piètres résultats. Plusieurs sacrifient leur vie à leurs enfants. D'autres sacrifient tout simplement leurs enfants. Et leurs enfants sacrifieront à leur tour leurs vies ou celles des leurs. Ainsi se perpétue le cycle sacrificiel avec l'inévitable cortège de ressentiments qui l'accompagne.

Plusieurs demanderont carrément à leurs enfants de voir à leurs besoins. En voici quelques exemples.

1. S'attendre à ce qu'un enfant prenne soin d'un parent.

   Certains pensent que leurs enfants combleront leurs besoins émotionnels, qu'ils n'existent que pour écouter leurs problèmes, pour les encourager, les réconforter.

Il est touchant de voir occasionnellement un enfant réconforter un parent. Il est navrant de le voir grandir avec cette responsabilité.

2. Demander à un enfant de décider comme un adulte.

   Certains enfants sont parfois confrontés à des choix qui nécessitent une bonne dose de maturité. Une fillette qui se croit responsable du bien-être de ses parents endosse un rôle pour lequel elle est mal outillée. Consciente de cette attente, elle grandit en se sentant responsable de tout et inadéquate parce que dépassée par de telles responsabilités.

3. Enchevêtrer sa vie avec celle d'un enfant — c'est-à-dire ne vivre qu'à travers son enfant en s'immisçant dans ses pensées, ses goûts et ses activités, ou le contraindre à devenir le clône d'un de ses parents.

   L'enchevêtrement résulte parfois de l'attitude d'un parent incapable de supporter le vide qui l'habite. C'est parfois toute la vie de l'enfant qui sert à meubler le vide d'un cœur de mère.

   L'enchevêtrement peut aussi être une manière de se sentir approuvé. Pour affermir leurs valeurs, leurs croyances, certains les imposent sans pitié. Papa est dompteur de lions et son fils sera dompteur de lions. C'est comme ça dans la famille, qu'il s'y fasse!

4. Abuser d'un enfant pour affirmer son pouvoir ou pour exprimer sa colère.

   L'inceste naît parfois d'un besoin des parents d'affirmer leur pouvoir. Ce peut également être une façon d'exprimer le ressentiment que l'on éprouve envers sa femme, ou envers toutes les femmes. Abuser physiquement d'un enfant n'est alors qu'une manière de se débarrasser de la colère, de la frustration, de l'impuissance ou du sentiment d'être pris au piège ou dépassé par les événements. Un parent bat un enfant pour soulager la tension émotionnelle qui l'habite.

Les enfants sont réputés pour avoir beaucoup de besoins

Les besoins d'un enfant sont immenses et il les manifeste dès la naissance. Quand un parent n'arrive pas à combler ses propres besoins, ceux d'un enfant sont tout simplement de trop. L'enfant insiste-t-il? On le réduit au silence avec des paroles agressives, des actes de violence. Plusieurs se cantonnent dans l'indifférence et finissent par ignorer complètement leur enfant. Dans les deux cas, l'enfant grandit seul et carencé. Une fillette apprend ainsi à nier ses besoins. Un jour, elle exigera de ses enfants qu'ils comblent le vide qui l'habite.

Nous avons ici affaire à un processus complexe, quasi inextricable. Le cycle des besoins non comblés peut être arrêté si les parents acceptent de suivre une thérapie, d'entrer dans un programme de recouvrance (ou tout autre traitement du genre) pour apprendre à identifier leurs sentiments et à assumer leurs besoins.

J'ai récemment vécu une situation qui m'a passablement attristée. En conflit de pouvoir avec sa femme, un père manœuvrait pour que son fiston se range de son côté. Le père n'est pas resté en thérapie, il n'a pas voulu apprendre à agir différemment. Il y perdra probablement sa femme et ses enfants. Mais le pire est qu'il transmet inconsciemment à son fils un comportement que ce dernier passera à son tour à ses fils. Deux générations et plus souffriront donc parce qu'un homme a eu peur d'assumer ses sentiments.

Notre drogue de choix passe avant tout

Se livrer de manière compulsive à une activité ou succomber à la dépendance de la drogue engendre inévitablement de la distance. Une personne victime de dépendance ou dotée d'une nature compulsive repousse ses frontières le plus loin possible. Elle refuse systématiquement toute critique et tout partage.

Si je travaille comme un débile et que vous me demandez du temps, surtout du temps que je réserve au travail, je m'écarterai de vous parce que vous accaparez mon temps et mes énergies. Si j'ai une envie irrépressible de sucre et que mon enfant formule une demande alors que je me rends à la cuisine, je me débarrasserai de lui afin de satisfaire mon besoin.

Éloigner les autres, c'est adopter une attitude réservée, presque indifférente, c'est les réduire au silence par des mots brefs, tranchants, c'est éviter de les croiser ou esquiver leurs demandes. C'est aussi refuser de parler de ses sentiments, de discuter de choses importantes ou d'écouter l'autre.

Quand un être a recours aux stupéfiants pour survivre ou quand il se défonce dans toutes sortes d'activités, il garde à distance tous ceux qui risquent de l'empêcher de satisfaire ses besoins. Il lui faut camoufler la drogue, se cacher pour consommer et maintenir le secret qui enveloppe sa dépendance.

Un enfant qui vit au beau milieu de tout ça est automatiquement repoussé à la périphérie du besoin de consommer. Il devient alors le symbole de ce dont il faut se débarrasser.

Un enfant exige que ses besoins soient satisfaits peu importe les difficultés que vous traversez

Le stress augmente souvent la distance entre individus. Accablé de travail, de factures à payer, de peurs, de maladies ou de frustrations, un être sera moins enclin à écouter l'autre, à lui donner de son temps. Malheureusement, un enfant exige que ses besoins soient satisfaits peu importe les difficultés que vous traversez. Imaginez! Votre fils veut vous raconter le match qu'il vient de disputer à l'école alors que vous êtes totalement absorbé à trouver l'argent pour une facture impayée.

Il arrive parfois qu'un problème cause plus de stress qu'il ne devrait. Vivre du stress veut généralement dire que l'on a besoin d'aide. Ce stress est amplifié lorsqu'on s'impose des règles comme ne jamais faire la moindre erreur, tout accomplir à la perfection, penser en « tout ou rien », refuser toute forme d'aide, ne jamais consulter, ne pas faire confiance, tout faire par soi-même, ainsi que plein d'autres règles utilisées pour survivre lors de l'enfance.

On s'accroche parfois au stress. Peut-être est-ce pour l'intensité, pour la sensation d'ivresse qu'il procure. On a l'impression que nos sens jouissent alors d'une acuité sans pareille.

Et pourtant, là, tout près, il y a peut-être un enfant qui attend. Mais on ne veut pas le voir. On se dit : « Va-t'en, ce n'est pas de toi dont je dois m'occuper. J'ai un problème d'argent qui est la chose la plus importante du monde. Je m'occuperai de toi quand j'aurai réglé ça. »

Ceux qui ont développé une dépendance au stress, ou s'imposent des restrictions qui gardent leur vie stressante, se réveillent un jour avec un enfant qui abuse des drogues, ou qui bat sa petite sœur, ou qui a grandi, s'est marié et a eu des enfants qui ne vous visitent jamais.

Il y a des limites qu'il vaut mieux respecter

Le contexte détermine donc la proximité ou la distance souhaitable dans une relation. Acceptables dans une situation donnée, certains comportements seront malsains, voire dangereux dans une autre relation.

Nous ne disposons d'aucune échelle de valeurs pour déterminer avec précision le degré d'intimité qui convient à une situation. Cependant, il y a des limites qu'il vaut mieux respecter. Un enfant ne devrait jamais servir à satisfaire les besoins sexuels ou l'appétit de pouvoir d'un parent. Un enfant ne devrait pas avoir à résoudre un problème qui exige de la maturité. Trop de distance entre conjoints risque de détruire un mariage. Chacun d'entre nous a le choix de restreindre les propos qu'il tient aux personnes qu'il connaît à peine.

Si vous avez de la difficulté à déterminer l'attitude qu'il convient d'adopter envers un tiers, pensez au type de relation que vous entretenez avec lui. Est-ce que tel ou tel comportement se situe à l'intérieur des limites de ce type de relation? Le chapitre 5 vous aidera à consolider vos frontières émotionnelles. Meilleure est la connaissance que l'on a de soi, meilleures sont nos dispositions à écouter nos instincts, plus grande est notre capacité de sentir ce qui nous convient ou non dans une relation.

Frontières parentales

Exercice 3.1

Il ne s'agit pas ici de faire le procès des frontières de vos parents. On tentera plutôt d'identifier les influences qu'elles ont eues sur votre vie.

Partie I. Commentez les questions suivantes en choisissant tour à tour votre père ou votre mère.

1. Élaborez sur les attitudes, désignées ci-dessous, qui traduisent la façon dont on vous a témoigné de la distance, de l'éloignement.
   a. Citez des incidents où, dans un accès d'enthousiasme, vous avez couru vers un parent et il s'est détourné de vous.
   b. Citez un événement important auquel un parent n'a pas assisté. À l'école, par exemple, le jour où vous avez été le héros d'un match sportif.
   c. Citez des situations où un parent n'a pas tenu une promesse.
   d. Citez des situations où un parent n'a pas tenu compte de vos préférences.
   e. Citez des situations où un parent n'a pas tenu compte de votre manière de raisonner.
   f. Citez des situations où un parent est resté indifférent à ce qui vous passionnait.
   g. Trouvez des exemples qui montrent que l'on ne vous a pas consulté lors d'une décision qui affectait tous les membres de votre famille.
2. Élaborez sur les attitudes, désignées ci-dessous, qui montrent que vous viviez de l'enchevêtrement avec un parent.
   a. Un parent vous obligeait à adopter ses idées.
   b. Un parent s'attendait à ce que vous partagiez ses préférences.

   c. Montrez comment un parent présumait que vous ressentiez la même chose que lui.

   d. Citez quelques manières d'être qu'un parent souhaitait vous inculquer.

3. Élaborez sur les attitudes, désignées ci-dessous, qui traduisent la façon dont un parent s'y est pris pour que vous combliez ses besoins, notamment en matière de...

   a. Pouvoir

   b. Confort

   c. Sexualité

   d. Soulagement du stress

   e. Solutions qui nécessitaient de la maturité

   f. Autres situations

Partie II. Refaites les exercices de la première partie avec une personne qui a un jour endossé le rôle de parent dans votre vie.

Partie III. À partir des connaissances que vous avez de vos grands-parents maternels et paternels, comment diriez-vous qu'ils avaient défini leurs frontières? Écrivez sur chacun d'eux. Témoignez des attitudes qui vous semblent relever de l'enchevêtrement, de l'éloignement, de la froideur, de l'ingérence. Parlez de la manière dont ils s'attendaient à ce que leurs enfants n'existent que pour combler leurs besoins.

◆ 4 ◆

Vos frontières physiologiques

Vous avez le pouvoir de choisir les personnes qui peuvent vous toucher, c'est votre droit le plus sacré

Le plus sacré! Gardien de votre corps, vous seul décidez de la distance qui vous sépare d'un autre, vous seul déterminez la manière dont vous voulez que l'on vous touche.

Votre vie vous appartient. Vous êtes responsable de vos choix. Vous assumez vos décisions et vivez avec les conséquences de ces décisions, notamment sur votre corps. Vous décidez des aliments que vous mangez, de l'exercice que vous faites, du sommeil dont vous avez besoin. Le soin de votre corps repose entre vos mains et vous seul avez à répondre de vos actions. Si vous êtes convaincu que la soie dentaire vous convient, vous jouirez d'une saine dentition. Si vous vivez tendu et surmené, il vous faudra composer avec une pression artérielle élevée, une plus grande vulnérabilité à la maladie, des relations humaines tendues.

Où logent vos frontières? Où sont les limites qui marquent la fin de votre territoire et où commence celui d'autrui? Votre peau est votre limite physiologique. Vous êtes également la personne qui décide de la distance qui vous sépare d'autrui.

Vous n'avez pas à souffrir de l'inconscience d'un étranger qui approche d'un peu trop près. C'est votre responsabilité de le maintenir à une distance que vous jugez acceptable. Sachez qu'on peut toujours se reculer ou mettre un obstacle entre une personne et soi. On peut aussi tendre le bras en disant : « N'approchez pas plus près, je vous prie » ou « Vous feriez peut-être mieux de reculer. Je pourrais vous jeter un terrible sort en vous soufflant au visage. »

Souffrir d'une infirmité qui nécessite une étroite surveillance médicale est la seule exception à cette règle de conduite. En tout autre temps, vous avez le droit de dire qui peut vous toucher et qui ne le peut pas.

On se demande pourquoi j'insiste tant. Pourquoi ai-je le ton d'une mère autoritaire qui écrit à sa fille en l'exhortant à faire preuve de vigilance? Parce que je vois encore trop de situations où des femmes croient que leur corps ne leur appartient pas.

Des corps à vendre

J'ai récemment voyagé en Floride. Le nombre de femmes en bikini que j'ai vues sur les plages m'a tout simplement médusée. J'habite le nord-ouest des États-Unis. Ici, le climat est froid et pluvieux. Nul doute que le port du bikini mettrait l'espèce en danger de disparition. Je n'étais cependant pas au courant que l'industrie américaine du textile connaissait une telle pénurie de matière première ni qu'il revenait aux maillots de bain d'en faire les frais. Que voulez-vous! À l'intérieur du cadre législatif américain, une personne détermine le minimum de vêtements qu'elle veut porter selon ses frontières personnelles.

Ça m'a quand même attristée de voir des femmes de tous âges se sentir obligées de souffrir cette tenue vestimentaire. Le but avoué de l'opération n'est-il pas de vendre son corps aux autres? S'étendre sur le sable avec, pour seule protection, un bout de tissu qui a la grandeur d'une serviette de table n'est certes pas une situation très confortable.

La plupart des publicités (cosmétiques, parfums, vêtements, produits hygiéniques) portent à croire que la femme n'existe que pour séduire. Les sommes phénoménales que nous dépensons pour ces produits montrent que la majeure partie d'entre nous endossent tacitement cette assertion. Le charme naturel d'un corps ne suffit pas. Il nous faut une garde-robe et une panoplie de potions pour remédier à ce que l'on nous dit être des défauts.

Un commentaire désobligeant ne dit rien de vrai, mesdames

Quand une personne souffrant d'embonpoint se prive d'une activité par peur du ridicule, elle dépend de l'opinion des autres pour avoir du plaisir. Je suis furieuse de voir certaines clientes se sentir humiliées par un commentaire désobligeant. Quelques kilos en trop et voilà qu'elles se sentent diminuées. L'une refuse de se baigner. L'autre se prive de rafting de peur qu'au comptoir de location, il n'y ait pas d'imperméables à sa taille. Une troisième se sent inférieure aux modèles des magazines qu'elle lit et refuse de danser à une noce. J'ai vu des femmes hésiter à se rendre à une réunion où elles avaient l'habitude d'aller; elles avaient peur d'être ridiculisées parce qu'elles avaient simplement pris du poids.

Chacune de mes clientes a quelque chose d'extraordinaire. Chacune possède des qualités insoupçonnées, des richesses incomparables, des dons exceptionnels. Chacune a un rôle extrêmement important à jouer dans ce monde. En Amérique, on popularise à outrance un type particulier de profil féminin et j'exaspère de voir tant de femmes renoncer à vivre pleinement parce que leur corps ne répond pas à des critères fixés par l'ignorance des autres.

Le commentaire désobligeant d'un étranger ne dit rien sur ce que nous sommes vraiment. Il en dit par contre très long sur le commentateur. Dans une réunion de famille, ma cousine Mathilde n'en rate jamais une, du genre : « Mais une telle ne devrait jamais porter le short. » Je n'ai pas à supporter ça. La prochaine fois, je me ferai un plaisir de lui clouer le bec en paraphrasant Goethe : « Ma chère Mathilde, quand les idées font défaut, on se rabat sur les mots. »

Votre corps vous appartient

On l'aura deviné, je suis une passionnée. Oui, je veux que vous profitiez de la vie, que vous vous sentiez libre d'aller où vous voulez pour y faire ce qui vous plaît. L'argent devrait servir à élargir ses horizons, à améliorer sa santé, et non à poursuivre une apparence chimérique.

Je veux que vous ayez la conviction que votre peau, que votre corps n'appartient qu'à vous et à vous seul. C'est à vous de décider ce qui lui convient le mieux. On vit et on meurt dans son corps. Il nous mène où l'on veut aller. Il est le véhicule grâce auquel nous explorons le monde. Nous en sommes les seuls et uniques dépositaires.

Si vous ne voulez pas que l'on vous touche, que l'on vous embrasse, apprenez à dire non. Quand une personne qui vous déplaît passe son bras autour de vos épaules, sachez que vous pouvez vous en éloigner. Vous n'avez pas à supporter un seul toucher indésirable.

La loi est de votre côté. Aux États-Unis, il est illégal de porter atteinte à l'intégrité du corps d'une autre personne. On considère qu'il est criminel d'infliger des blessures à une personne, de prendre sa vie, de la forcer à se livrer à des activités sexuelles.

Que dire des cas extrêmes? Que dire des situations où on est forcé de se soumettre au toucher d'un autre? Il ne saurait être ici question de culpabilité. Quand on est menacé, quand on risque d'être battu, on n'a parfois pas le choix.

La plupart du temps, cependant, nous pouvons imposer notre volonté. Quand on laisse quelqu'un nous toucher contre notre volonté, à moins que nos capacités soient affaiblies, nous autorisons un acte criminel. C'est nuisible à la fois pour nous et pour l'autre.

On a parfois l'impression que la situation nous oblige à tout supporter. Par exemple, dois-je tolérer qu'un supérieur m'approche d'un peu trop près? Voyons les conséquences si je ne réagis pas. Je sens sa main répugnante sur mon corps. J'ai envie de la retirer, de lui cracher au visage et de fuir. Mais plutôt que de céder à mon impulsion, je lui souris bêtement et fais comme si de rien n'était. En fait , je n'écoute pas mes instincts, je fais la sourde oreille aux messages que m'envoie mon corps et je réduis mes émotions au silence. Tout ça, parce que mon besoin d'argent est plus important que mon amour-propre. L'enseignement est que je mets mon corps à la disposition des autres et qu'ils peuvent l'utiliser comme ils l'entendent, indépendamment de ma volonté. Mon estime de moi en prend un coup. Cet acquiescement mine mon être, l'affaiblit.

Et mon supérieur, quel message reçoit-il? Il est plus que jamais convaincu que les femmes n'existent que pour son plaisir et que le pouvoir lui donne le droit de disposer d'autrui à sa guise. Ainsi que le disait Andrew Young, « Quand cent hommes d'affaires arrêtent une décision, la loi est toujours de leur côté. » Mais un supérieur qui se permet du plaisir à vos dépends s'en trouve, lui aussi, diminué.

Le témoignage de Donna : la sexualité sans égard du conjoint

Plus la thérapie avançait, plus mon mari était contrarié. Mais il n'exprimait jamais ouvertement son désaccord, il préférait me refuser ce dont j'avais besoin. Il préférait se retirer et aller se plaindre de moi à ma mère.

J'aurais préféré le voir faire les cent pas et crier sa colère, ses peurs. J'aurais aimé que tout sorte au grand jour.

J'ai beaucoup de difficulté avec la sexualité, mon père n'est pas étranger à ce fait. J'ai besoin de longs préambules empreints d'étreintes, de douceur, de caresses.

Enfant, j'étais tellement seule. Ma mère était une personne froide, totalement absorbée dans son travail. Mon père s'intéressait surtout à mon corps, pas à mon cœur. Je me demande si vous pouvez comprendre à quel point la solitude me pesait. J'ai eu très jeune des petits amis. Je voulais désespérément qu'ils me tiennent dans leurs bras, j'avais tant besoin d'affection.

Ça n'a pas changé. Aujourd'hui encore, je fais l'amour pour être dans les bras de quelqu'un pendant un moment.

Certains soirs, j'allais près de mon mari, mais à peine étais-je assise près de lui qu'il s'éloignait. Il s'est toujours comporté ainsi, même avant que j'entre en thérapie. Pendant toutes ces années où nous avons été mariés, je lui ai souvent réitéré mon douloureux manque d'affection. Je lui ai demandé un nombre incalculable de fois de me tenir dans ses bras, de m'étreindre.

Mais il ne s'écoulait pas une minute avant que ses mains ne commencent à courir sur mon corps et je comprenais qu'il avait commencé à faire l'amour. J'ai eu beau lui répéter que j'avais besoin de tendresse en dehors de la sexualité, ça n'a jamais servi à rien.

L'autre soir, quand je suis rentrée de ma séance de thérapie, j'avais les yeux rougis, le visage défait. De toute évidence, j'avais pleuré. Il s'est approché et a dit : « Viens ici, ma chérie. »

J'ai eu comme un moment d'extase : j'ai cru qu'il allait me bercer doucement. Mais il n'a pas tenu compte de ma détresse. Il s'est mis à me flatter, à me caresser. La séance de thérapie m'avait épuisée et son attitude me déroutait au point que je n'eus pas la force de protester. Il semble que je sois incapable d'empêcher qui que ce soit de se servir de moi.

Quand j'ai levé les yeux sur son visage, j'ai vu de la colère, pas de l'amour. Il était fâché et utilisait la sexualité pour me signifier sa colère à mon égard.

Je ne pouvais pas l'arrêter. Je me sentais coupable d'avoir tant de problèmes. Je sentais que c'était ma faute, que je le privais de la sexualité dont il avait besoin. J'ai donc consenti à ce que mon corps fasse les frais de son ressentiment.

Après coup, ce fut atroce. Je me suis sentie comme un morceau de viande. Comment un homme peut-il posséder une femme sans se soucier le moindrement des sentiments qu'elle éprouve?

L'abuseur abusé

Quiconque a déjà été agressé sexuellement sait à quel point il est dégradant d'être traité comme un objet. Mais l'abuseur, qui s'accorde librement la permission d'user du corps d'un autre, n'est pas exempt de souffrance. Au bout du compte, le bourreau et la victime y perdent une partie d'eux-mêmes.

Je n'admets pas un seul instant que Donna doive endosser seule la responsabilité de ce qui lui est arrivé. Le mari a, lui aussi, sa part de responsabilités : il prend l'initiative sexuelle, il dépersonnalise son action, il abuse. Toutefois, le corps de Donna n'appartient qu'à Donna. Elle a le devoir de se protéger des blessures physiologiques, sexuelles et émotionnelles auxquelles l'exposent les comportements d'un homme qui agit inconsidérément.

Réagir n'est pas toujours possible. Dans la vie, il arrive parfois que les événements de notre enfance nous laissent sans défense aucune.

Le témoignage de Jessica: les comportements addictifs du conjoint

Quand je repense à mon mariage, j'ai l'impression d'avoir vécu un long cauchemar dans lequel j'essayais de gravir une montagne aux pentes glissantes. À chaque chute, je tombais des nues, j'étais totalement dépassée par les événements. Je suis de ces personnes opiniâtres qui persévèrent contre vents et marées. Et je suis surprise de constater que tant de ténacité ne m'a rien apporté, que je me retrouve au point de départ.

Je n'arrive même pas à me rappeler pourquoi j'ai marié Albert. J'étais jeune et je voulais quitter le foyer paternel. Je voulais quelque chose qui ne soit qu'à moi. Je voulais appartenir à quelqu'un.

C'est Albert qui m'a choisie. Qui était-il vraiment? Je ne le savais pas. Mais il voulait de moi et ça me suffisait. C'était merveilleux de me sentir désirée. Dès lors, je n'eus de souci que de lui plaire.

Nous nous sommes installés chez lui et j'ai relevé les manches. Il me fallut d'abord nettoyer son appartement qui était épouvantablement sale. Ensuite, j'ai acheté des tissus aux couleurs vives qui sont devenus de coquets rideaux. J'ai appliqué la recette habituelle, quoi.

Albert ne faisait que ce qui lui plaisait. J'ai vite appris à ne pas lui poser de questions. Quand j'avais besoin de quelque chose ou que je sollicitais de l'aide, il argumentait avec tant de subtilité que je finissais par croire que ma demande était déraisonnable, voire stupide.

Je me rappelle un événement survenu au cours de la première année de notre mariage. C'était la fête des mères. Nous venions d'emménager dans notre première maison. J'avais invité ma famille pour des grillades en plein air. La veille, Albert partit en camping en me disant qu'il serait de retour le lendemain. Chaque fois qu'un invité arrivait, il me demandait : « Mais où est Albert? »

« Je ne sais pas », répondais-je, « il est allé en camping à la rivière Noire. Il devrait être de retour. »

J'avais mis tant de soin à tout préparer. Je voulais que ce soit parfait. J'avais un foyer maintenant. J'étais adulte, mariée, propriétaire. C'était moi l'hôtesse et cette réception était le symbole de ma réussite. Je voulais absolument que ma famille en soit témoin.

Nous avons attendu Albert qui n'arrivait pas. J'ai enfin allumé le feu en faisant des excuses à tout le monde. « Je ne comprends pas qu'il ne soit pas là. J'en suis désolée. » Albert ne s'est jamais pointé. Il n'est rentré qu'après le départ du dernier invité.

« Je suis passé devant la maison une ou deux fois en voiture, mais je n'avais pas le goût de rencontrer ces gens-là. Je suis allé jouer au basket un peu plus loin. »

Je n'ai pas dit un mot. J'ai rangé la maison. J'étais mal à l'aise. J'espérais qu'il remarque ma tristesse, qu'il s'excuse de sa conduite. Il n'a rien fait. Ce n'était pas la dernière fois que mes espoirs allaient être déçus.

Albert fumait beaucoup. En hiver, l'air de la maison devenait irrespirable, me rendait malade. Si j'ouvrais une fenêtre, Albert se moquait de moi : « Qu'est-ce qui te prend, Jessie? Tout ça est dans ta tête. Il n'y a presque pas de fumée ici. Bon Dieu, ferme cette fenêtre! Ne fais pas un drame pour si peu. »

Il était la plupart du temps absent. Je ne savais jamais où il allait. Il ne m'emmenait jamais avec lui. Je restais à la maison à l'attendre.

Il revenait parfois au bout d'une heure ou deux, le plus souvent, tard la nuit. J'ai appris à mettre des gants blancs pour lui parler, à prendre toutes sortes de précautions. « Albert, pour le dîner, j'ai besoin de savoir si tu y seras. Est-ce que je dois préparer une portion ou deux? Au fait, rentreras-tu souper ce soir? »

« Fais comme si je ne venais pas. »

Je préparais quand même le repas en pensant que c'est ainsi que se comporte une épouse modèle. L'heure du souper arrivait. Albert ne venait pas. J'attendais. Je mettais tout au réchaud. Je faisais mon possible pour que ça reste mangeable. Enfin, il se pointait, tard en soirée.

Déçue, je laissais tomber : « Le repas est fichu. »

« Ça va pas non? Je travaille fort. J'ai le droit de sortir quand je veux. » Il s'assoyait et soupait en récriminant : « C'est pas mangeable, c'est tout sec. »

Je n'arrivais pas à comprendre pourquoi il ne passait jamais du temps à la maison. Nous n'en discutions jamais. Je pensais que je n'étais pas très intéressante.

Je ne savais presque rien des drogues, mais Albert en consommait beaucoup. Nous n'avions jamais d'argent.

Albert était incapable de conserver un emploi. Quand il perdait son travail, c'était toujours la faute du patron. Il inventait n'importe quoi pour s'expliquer. À la fin, j'ai compris qu'on le renvoyait parce qu'il était toujours en retard et parce qu'il consommait plus qu'il ne travaillait. C'était toujours la même histoire : Albert dénichait un emploi, mais il ne se levait pas le matin pour aller travailler.

J'ai pourtant essayé de le tirer du lit, mais il marmonnait : « Tu t'en fais trop. Je m'occuperai de tout si tu me laisses dormir un peu. Si tu penses être capable de faire mieux, alors grouille-toi. Je fais mon possible, mais tu sapes ma confiance en moi. »

On a dû déménager de notre maison parce qu'on ne payait plus le loyer. Mon père possédait un édifice à appartements. Il nous en loua un. J'ai commencé à travailler. J'avais deux emplois pour boucler les fins de mois.

Chaque fois qu'Albert montrait une pointe de mécontentement, j'essayais d'arranger les choses. Si seulement je pouvais lui procurer un foyer accueillant, il finirait bien par m'aimer.

Nous vivions dans la pauvreté et je désespérais d'en sortir un jour. Je me rappelle d'un soir où Albert est rentré, peu de temps après une cure de désintoxication. J'étais épuisée — je trimais dur pour satisfaire ses besoins — mais nous étions à court d'argent et de nourriture. Il s'est fâché, a jeté par terre le contenu du réfrigérateur, foutu le bordel dans l'appartement, donné un coup de poing dans un miroir qui a volé en éclats.

J'ai tout ramassé. Le lendemain, il disait ne se souvenir de rien. « Pourquoi tu inventes toutes ces histoires, Jessica? Tout est ici comme avant. »

« C'est parce que j'ai tout rangé après ta crise. »

Albert ne disait rien. Il s'en allait. C'est toujours ce qu'il faisait quand je blâmais sa conduite.

Le jour de notre anniversaire, j'ai préparé un petit souper intime. La chandelle s'est entièrement consumée dans l'assiette où je l'avais posée. Albert n'est évidemment pas venu.

Il m'est arrivé de penser qu'Albert ne m'aimait peut-être pas. Je redoublais alors d'effort parce que je croyais que si j'y mettais le prix, mon mariage finirait par fonctionner. Je me disais qu'Albert avait juste besoin de beaucoup d'amour. Si je parvenais à lui en donner suffisamment, il finirait bien par m'aimer pour de bon.

Les crises se succédaient, mais Albert avait toujours une bonne raison pour en expliquer les causes. J'ai fini par deviner le moment où je devais me taire si je ne voulais pas recevoir de coups.

Je ne voyais pas l'absurdité de ses comportements, je ne voyais qu'un petit garçon en manque. Albert prenait de la drogue pour combler le vide que je n'arrivais pas à remplir.

J'étais tellement soumise. Je faisais tout ce qu'il demandait. Ce n'est que vers la fin de notre relation qu'il a commencé à me frapper, quand je me mettais en colère.

Je me rappelle du lendemain de la mort de Maria, notre fille. J'étais penchée et il m'a craché dessus. J'ai vu rouge. J'ai ramassé une pelle et je l'ai lancée dans sa direction. Je ne voulais pas le heurter, je voulais seulement qu'il comprenne à quel point j'étais fâchée. J'ai fait monter les animaux domestiques dans la voiture pour quitter la maison. Albert a ramassé une grosse pierre et l'a lancée en direction du véhicule. La pierre est passée à travers une fenêtre. Il aurait pu nous blesser gravement, mais il s'en moquait.

Nous avons eu des querelles terribles auxquelles succédèrent des scènes de repentir où Albert pleurait, demandait pardon. Je m'apitoyais alors sur ce petit garçon famélique qui me racontait comment ses vilaines paroles avaient dépassé sa pensée : « Je tiens à toi. Je vais redoubler d'efforts. » Il promettait tant et si bien que je me laissais convaincre de continuer notre relation.

Albert a un jour tenté de se suicider. J'ai emprunté de l'argent pour qu'il puisse suivre un traitement. Pendant la cure de désintoxication, il s'est ouvert : il m'a livré ses sentiments, ses pensées intimes. Et tout mon cœur a alors sympathisé à sa souffrance. Mais le jour où il est rentré à la maison, il est redevenu secret, il a recommencé à se cacher de moi. Quand j'ai questionné cette attitude, il a répondu : « N'as-tu donc pas confiance en moi? »

Il est retourné en traitement quatre fois, pour un suivi. Les soirs où il n'y allait pas, il rentrait très tard avec le blanc des yeux rougi. Il dormait sous une tente dressée dans la cour arrière. Albert soutenait que mon manque de confiance avait compromis le succès de son rétablissement. Je me disais qu'il avait peut-être raison : j'avais tellement peur qu'il consomme que j'imaginais qu'il consommait réellement.

Un jour, il est rentré d'une session de thérapie de groupe pour me dire qu'il ne m'avait jamais aimée, qu'il m'avait épousée parce que j'avais de l'éducation et parce qu'il avait la conviction qu'il pourrait toujours compter sur moi, que je prendrais toujours soin de lui. En fait, c'était moi qui contrôlais sa vie et c'est pour cette raison qu'il avait consommé des drogues.

Mais le pire moment que j'ai vécu avec lui a été la naissance de Maria. Je me suis éveillée un matin et je perdais mes eaux. Albert s'est réveillé et a dit : « Non, pas maintenant. Je suis malade. Je ne peux pas bouger. »

J'étais désemparée. « Comment, pas maintenant? Ça ne peut pas attendre. Crois-tu que je peux retenir le bébé dans mon ventre jusqu'à ce que tu sois en état de fonctionner? Il faut que nous allions à l'hôpital. Tout de suite! » Il était huit heures.

Nous sommes montés dans la voiture. Il a dit : « Je dois passer chez quelqu'un. »

Nous sommes partis vers le nord, à l'autre bout de la ville. L'hôpital loge au centre-ville. Il s'est rendu chez une connaissance. Quand l'autre a ouvert la porte, Albert a dit : « Ma femme est sur le point d'accoucher. J'ai besoin de 50 $ pour un dépôt à l'hôpital. »

L'homme s'est approché de la voiture. J'avais l'impression de jouer dans un mauvais film. « Voici ma femme, elle va avoir un bébé. »

« C'est vrai. Regardez, je suis enceinte. » J'ai joué le jeu en souriant. J'aurais fait n'importe quoi pour qu'Albert m'amène à l'hôpital.

L'homme a avancé la somme. Albert a repris la voie rapide. Mais plutôt que de s'engager dans la sortie pour l'hôpital, il a continué vers le sud. « Albert, vite à l'hôpital ! »

« J'ai quelqu'un d'autre à voir. »

J'étais impuissante, apeurée. J'avais désespérément besoin d'être à l'hôpital, d'être entourée de gens qui auraient pu m'aider.

Albert est arrivé chez l'un de ses fournisseurs. L'homme est monté dans la voiture. Nous nous sommes rendus dans la cour arrière d'un restaurant où nous avons attendu que deux Mexicains se manifestent. J'étais terrorisée. Quand on a mal, chaque minute semble une éternité. Et je ne savais pas combien de temps nous allions poireauter dans ce lieu maudit.

Les Mexicains ont fini par arriver. Albert et le « pusher » ont discuté avec eux. Ils sont ensuite allés aux toilettes. Quand il est revenu, Albert pouvait à peine ouvrir les yeux. Je ne le croyais pas capable de conduire. J'avais peur qu'il décroche complètement de la réalité, qu'il ne sache plus du tout ce qu'il faisait.

Il fallait maintenant ramener le « pusher » chez lui. Nous sommes arrivés à l'hôpital peu après-midi. J'étais attendue depuis un bon bout de temps. J'avais en effet téléphoné au département d'obstétrique le matin, avant notre départ. On ne comprenait pas pourquoi nous avions mis tant de temps à arriver.

On m'a conseillé de marcher jusqu'à ce que je sois prête à entrer en salle de travail. Albert était contrarié de ne pouvoir fumer. Il me plantait là à tout bout de champ pour aller aux toilettes griller une cigarette, ou pour consommer. Il avait besoin de consommer toutes les deux heures. Je surveillais l'entrée pour que personne ne vienne. Je ne voulais pas que mon père ou une autre personne de ma famille le voit. Je préférais leur cacher la vérité. Je pense que je protégeais encore le pauvre type qui, dans les cabinets, volait toutes les poignées de porte. Il espérait peut-être les revendre plus tard et acheter de la drogue. Je ne sais pas. J'avais tellement honte. Je ne voulais pas que quelqu'un sache à quel point nous en étions rendus.

Le travail a duré 36 heures. Albert se disait incapable de rester à mes côtés. En fait, il n'avait d'attention que pour mon chéquier qui lui permettait d'acheter sa drogue. Il ne pouvait demeurer dans la salle d'accouchement avec moi. J'ai traversé cette épreuve seule. Ma famille est venue me visiter. On demandait : « Mais où est Albert? »

Je l'ai encore excusé. Je ne pouvais pas leur dire qu'il était parti se chercher de la drogue.

Quand Maria a été transférée dans un centre spécialisé pour enfants, Albert n'était pas là. J'avais développé une infection et je n'ai pu la suivre. Je suis restée à l'hôpital, à des kilomètres de ma fille. À la maison, Albert a profité de mon absence. Il a mis la télé en gage et emprunté de l'argent à gauche et à droite. Il a aussi bousillé ma voiture.

Le personnel avec qui je travaillais, les concierges et préposés à l'entretien de notre immeuble, tous ces gens qui triment dur pour gagner leur vie se sont cotisés pour m'offrir 1 000 $ en cadeau. C'est une somme substantielle pour des petits salariés et j'avais si désespérément besoin de cet argent. J'ai caché mon trésor, mais Albert l'a trouvé et l'a dépensé.

Je suis allée voir ma fille en fauteuil roulant. Remplir les formalités pour en obtenir (ou en louer) un de l'hôpital était trop compliqué pour Albert. Il en a tout simplement volé un.

Quand Maria est morte, j'aurais aimé avoir un peu de temps avec elle avant les funérailles. J'étais à la maison, prête à partir, quand Albert s'est volatilisé avec ma voiture. Il fallait que je me rende là-bas. J'ai finalement téléphoné à son père pour qu'il passe me prendre. Plus tard, Albert est entré au salon la cigarette au bec. Comme je l'ai haï en cet instant. Comment pouvait-il manquer à ce point de respect envers notre fille.

Notre relation n'a jamais plus été la même. Pour la première fois de ma vie, je ne pouvais absolument pas m'occuper de lui. J'avais besoin qu'il se prenne en charge lui-même. Il n'a pas pu.

Après sept ans de ce régime, j'en avais assez. J'ai commencé à vider la maison en catimini. Albert s'en est aperçu. Il a détruit mes souvenirs d'enfance (des gravures sur bois, quelques trophées que j'avais gagnés) et mis en gage ma trousse pour fabriquer des bijoux et mes outils pour travailler le cuir; tout ça pour de la drogue.

Un jour, je suis rentrée et tous mes meubles avaient disparu. Il ne restait rien de ce qui m'appartenait. Mon alliance, une broche dont m'avait fait cadeau ma grand-mère, tout s'était envolé.

Et chaque fois que je me défendais, Albert me faisait du mal.

Ce n'est pas facile pour moi de raconter tout ça parce qu'il se trouve toujours quelqu'un pour dire : « Mais pourquoi avoir enduré tout ça? Pourquoi ne l'as-tu pas laissé tomber plus tôt? »

Je me sens alors honteuse d'être restée si longtemps dans cette situation, d'avoir autant persévéré dans cette folie. Je n'avais aucun recours contre lui. Et j'ai de la difficulté à me défendre contre ce genre de commentaires. Aujourd'hui encore, j'ai l'impression que j'aurais pu agir mieux que je ne l'ai fait.

Peu importe les mauvais traitements qu'on me fait subir, j'arrive très difficilement à croire que l'autre agit avec malveillance ou méchanceté. Il me vient toujours mille bonnes raisons qui excusent sa conduite, du genre : « Il n'y peut rien. Il n'avait pas l'intention d'agir de manière irréfléchie. Il est tellement pris par ce qui l'occupe qu'il ne réalise pas les conséquences de ses gestes. »

« Perdre des heures à parcourir la ville en tous sens alors que sa femme souffre des contractions d'un accouchement est beaucoup plus grave que de simplement agir de manière irréfléchie. » Cent fois ma thérapeute a répété cette phrase avant que je me mette dans la tête qu'il y a des limites à ce qu'un être humain peut faire endurer à un autre. J'ai grandi en pensant qu'une personne, n'importe laquelle, pouvait me traiter à sa guise et que je n'avais pas d'autre choix que de m'en accommoder.

Il y a un côté faible dans ma façon de voir la vie. J'ai encore de la difficulté à croire qu'une personne pose volontairement des gestes violents ou excessifs. J'ai appris que ma tolérance à l'abus n'avait pratiquement pas de limites. La première chose qui me vient à l'esprit est : « Bah! C'est pas si grave. Je peux le prendre », même si 95 % de l'espèce humaine jugerait ce traitement inhumain. Je me dis que ce n'est jamais si grave que ça en a l'air. En une seule journée, ce que j'exige de moi relève de l'héroïsme. Je passe six heures par jour sur les bancs d'école et trois autres pour faire mes devoirs et apprendre mes leçons, sans compter le temps que je consacre à mon enfant. Il faut à cela ajouter le temps qu'accaparent les déplacements : aller mener mon fils au service de garde, me rendre à l'école, ensuite au centre de recherche, retourner prendre mon fils et rentrer à la maison. En tout, 150 km. Je me lève à 5 h et je me couche à 23 h, fatiguée, complètement vidée. Et je trouve encore le moyen de me sentir coupable d'avoir des sautes d'humeur avec mon fils, de ne pas lui consacrer suffisamment de temps, de ne pas bien m'alimenter. Peu importe ce que j'exige de moi-même, je l'accomplirai à la perfection. Rien de moins.

Je m'attends à tout accomplir sans qu'il ne m'en coûte rien. Éprouver de la fatigue me met en rogne. C'est inconsciemment que j'abuse de mes forces, de ma personne. Je ne reconnais pas l'abus que je me fais à moi-même. Je ne vois pas que les autres abusent de moi parce que je ne vois pas qu'il y a une limite à ce que je peux accomplir, à mes propres exigences impossibles. Je suis comme ce mineur à qui on donne une cuillère à café en lui demandant d'extraire dix tonnes de charbon en une semaine. Et il répond : « C'est mon travail? O.K., allons-y. »

Je me suis habituée à tous ces excès. N'est-ce pas comme cela qu'on survit?

Nous ne sommes pas nés pour être des victimes

Ne pas savoir identifier les comportements excessifs ou inappropriés d'autrui, avoir une tolérance quasi surhumaine à l'abus, croire en l'impossible attente que l'on peut tout accomplir à la perfection, être incapable de se défendre, sont autant de signes infaillibles révélant de graves abus durant l'enfance.

Quand un enfant a été forcé de tolérer l'abus pour survivre, il ne faut pas s'imaginer qu'un coup de baguette magique pourra tout à coup lui faire comprendre, maintenant qu'il est devenu adulte, qu'il dispose de moyens pour se défendre.

Malheureusement, plusieurs d'entre nous ont été placés dans des situations où la contrainte physique, la violence et les jeux de pouvoir ont servi à des fins manipulatrices. Nous ne sommes pas responsables du mal qui nous a été fait. L'une des fâcheuses conséquences de l'abus est de croire que nous sommes nés dans la peau d'une victime. On tolère que les autres nous offensent, même s'ils n'usent pas de violence, parce que nous avons oublié (mais peut-être l'avons-nous toujours ignoré) que nous avons le droit de défendre nos frontières.

D'aucuns se demanderont pourquoi j'ai utilisé le mot « oublié ». Ils diront : « Relisez le témoignage de Jessica et vous verrez qu'elle n'a jamais pris conscience qu'elle n'avait pas à tolérer les abus. » Et je suis obligée de reconnaître ce fait. Cependant, certains enfants vivent dans un tel état de négligence ou de répression qu'ils apprennent à être prudents et vigilants avant même de savoir parler. Ces premiers apprentissages affectent notre vision du monde pour le reste de nos jours, à moins qu'un thérapeute perspicace ne débusque le problème et ne corrige cette fausse perception.

Un bébé peut communiquer un malaise. Même les tout-petits ont un mouvement de recul ou disent « Non », s'ils ont peur. Que ce premier « non », ce premier recul, soit le dernier du genre qu'affirmera un enfant au cours de sa vie ne change rien à la force de ce mécanisme de défense. Si la réaction, naturelle chez l'enfant, le rend victime d'abus, il s'empressera de la réprimer. Nous sommes spontanément portés à nous défendre contre la souffrance et il faut avoir terriblement peur pour accepter de souffrir. Si, enfants, nous apprenons à vivre avec la souffrance, devenus adultes, nous croirons que la souffrance qu'on nous inflige est la seule manière de vivre, que la vie est ainsi faite, qu'il faut la supporter parce qu'il n'y a pas d'autre issue.

Se redonner du pouvoir

Le conseil que je vous donne est de vous réapproprier votre pouvoir. Si vos frontières physiologiques et sexuelles ont jadis été violées, c'est qu'on vous a forcé à adopter le rôle d'une victime. Mais vous n'avez plus à vous confiner dans ce rôle. À partir d'aujourd'hui, soyez conscient que vous avez le droit d'indiquer aux autres comment vous voulez que votre corps soit traité. Rappelez-vous que vous pouvez vous soustraire à un toucher désagréable, même si on ne fait qu'effleurer votre peau. C'est possible de le faire. Voici comment.

Retirez sa main de votre épaule et dites : « Non merci. » Augmentez la distance qui vous sépare de l'autre et dites : « Je n'aime pas ça. » Reculez et dites : « Je vous prie de me demander la permission avant de me toucher. » « J'aimerais décider de ceci moi-même. » « Ne recommencez pas ça. » « Pas maintenant, j'ai la migraine. »

Certaines personnes pensent qu'elles ne doivent pas se départir de leur courtoisie même quand l'autre se montre grossier. Mais il est des gens qui ne comprennent pas un message s'il est formulé avec tact. Il leur faut quelque chose de plus corsé, du genre : « Si vous ne voulez pas qu'il vous manque un doigt, gardez vos mains dans vos poches. », « Touchez-moi encore une fois et je vais hurler. », « Si vous persistez, je vous couvrirai de ridicule devant tout le monde. », « Je vais téléphoner à votre femme. Elle sera sûrement intéressée d'apprendre comment vous occupez vos temps libres. »

Se protéger d'une intrusion, si légère soit-elle, lance un puissant message à tout votre corps. « Je suis moi!

Je suis fort! J'en vaux la peine! Je puis assumer ma propre sécurité. » Et quand on se protège, on augmente son pouvoir.

Les exercices qui suivent vous aideront à identifier — et à mettre un terme — à de subtiles violations de vos frontières physiologiques. Lorsqu'on excuse quelqu'un qui a posé un geste envahissant (fut-il insignifiant), on redonne plus de force au message qui dit : tes instincts ont été sacrifiés à la fantaisie d'un malappris qui ne vaut même pas le peu qu'il essaie de te soutirer. Ne pas résister signifie que l'agresseur gagne la partie tandis que vous, qui faites pourtant preuve de générosité, la perdez.

Ce qui semble n'être que d'innocentes victoires vous prépare en fait à relever des défis plus substantiels. Cela peut paraître bizarre, mais une victime communique tacitement son statut à son bourreau. Quelqu'un qui veut infliger de la souffrance à un autre peut repérer sa victime parmi une foule.

Plus vous freinerez l'abus, ou les tentatives d'abus, moins vous serez perçu comme une victime. Un loup traque le caribou le plus faible du troupeau et néglige tous les autres. De même, un profiteur passera outre à une personne qui lui semble forte et combative. En apprenant à vous protéger, vous diminuez les risques auxquels vous pourriez vous exposer.

Protéger sa zone sécuritaire

Exercice 4.1

1. Aujourd'hui, observez quelle est la distance confortable qui vous sépare d'une personne avec qui vous échangez.
2. Si quelqu'un avec qui vous êtes mal à l'aise approche trop près, augmentez la distance qui vous sépare de lui jusqu'à ce que vous soyez de nouveau à l'aise. Si cette personne se rapproche encore un peu plus, déplacez-vous de sorte qu'il y ait un objet (un meuble, par exemple) entre vous. Si ce n'est pas possible, étendez le bras et dites : « Arrêtez. Je veux que vous restiez où vous êtes. » Si la personne questionne votre comportement, secouez la tête. Vous n'avez pas à lui fournir d'explications.
3. Partagez avec un ami ce que vous avez appris.

Sauver sa peau

Exercice 4.2

1. Passez la journée d'aujourd'hui et de demain à observer les moments où on vous touche.
2. Posez-vous la question : est-ce que la façon dont cette personne me touche me plaît?
3. Faites cesser un toucher qui vous déplaît.
4. Partagez cette expérience avec un ami.

◆ 5 ◆

Vos frontières émotionnelles

Le témoignage de Jessica : être le souffre-douleur

Quand ma thérapeute m'a demandé de produire mon arbre généalogique, je lui ai répondu : « Lequel? » Ma mère a d'abord été mariée à mon père. Ils ont divorcé. Maman a ensuite épousé Grégoire, qui avait un fils et une fille. Papa a marié Ève, qui lui a donné une fille. Papa a de nouveau divorcé pour se remarier avec Sue. Quelques années plus tard, il a divorcé une troisième fois pour épouser Nancy. Nancy avait déjà une fille.

J'ai vécu presque toute mon enfance avec maman et avec Grégoire. À onze ans, j'ai supplié papa de me laisser aller vivre chez lui, mais il a refusé. Il m'a conseillé de ne pas en parler à maman parce qu'elle m'interdirait sûrement de le revoir. Maman menaçait de se suicider si je la quittais.

J'avais quatre ans quand maman a épousé Grégoire. Il avait un fils, Louis, qui allait à l'école secondaire. Lui et moi n'évoluions pas dans la même sphère. Je ne l'ai presque pas connu. Mais Grégoire avait aussi une fille de huit ans. Elle s'appelait Jacqueline, et j'étais son souffre-douleur. Toute mon enfance est hantée par le mal que Jacqueline m'a infligé. Je la revois me marcher sur les doigts quand j'étais assise par terre, m'enlever la poupée avec laquelle je m'amusais, me taper sur la tête quand je lisais un livre emprunté à la bibliothèque. Elle disait que j'étais grosse, laide et stupide, que c'était elle la plus jolie, la plus aimée, la plus intelligente de nous deux.

Je n'ai jamais mis ma mère au courant des méchancetés de Jacqueline. Maman était instable et je ne voulais pas aggraver sa situation. Elle avait déjà son lot de tristesse et de douleur.

Elle me confiait volontiers ses ennuis, ses inquiétudes, mais ne se souciait guère de connaître les miens. En fait, je n'existais pas pour elle en dehors de ce que je pouvais lui apporter.

Maman était obsédée d'ordre et de propreté. Elle passait des journées entières à faire du ménage. Nous devions faire très attention de ne pas faire de dégâts, de ne rien salir.

J'ai très jeune appris à m'abstenir de partager mes expériences avec ma mère : elle se mettait à pleurer et je me sentais coupable. Quand j'avais besoin d'aide, j'hésitais à la déranger parce que je savais que, en fin de compte, c'était moi qui aurais à la consoler.

Je ne me rappelle pas que nous ayons échangé de la tendresse ou de l'affection. Ou plutôt si. Quand elle était bouleversée, elle avait besoin de prendre quelqu'un dans ses bras. Elle me serrait alors contre elle, très fort, comme si j'étais une bouée de sauvetage. Aujourd'hui, quand elle me prend ainsi dans ses bras, j'ai horreur de ça.

C'est à la suite d'une mésaventure, qui impliquait mon père et ma grand-mère maternelle, que j'ai définitivement résolu de ne plus jamais me confier à elle.

Maman et grand-maman ne s'entendaient guère. En fait, elles ne se parlaient pas. Grand-maman adorait que je lui rende visite, mais ma mère y faisait toujours objection. Grand-maman téléphona donc à mon père pour le supplier de m'emmener la voir. Il finit par céder. J'étais tellement contente! Je ne tenais pas en place. J'avais sept ans et je ne savais pas que c'était un secret. Je me suis ouverte candidement à maman et tout a chaviré. Par la suite, j'ai été des années sans voir mon père, et ce n'est qu'à treize ans que j'ai pu passer plus de 24 heures avec lui. Depuis ce jour, j'ai résolu de ne jamais dire rien d'important à ma mère.

Les années où j'ai été éloignée de mon père ont été un calvaire. Je me rappelle des moments passés avec lui comme les plus doux de mon enfance. Chez lui, personne ne cherchait à me faire du mal. Pour papa, j'étais quelqu'un. Nous échangions. Il ne pensait jamais à se servir de moi.

Je me suis souvent prise d'affection pour ses conjointes. J'avais sans doute besoin de créer des liens. Elles m'aidaient aussi à passer les messages que je destinais à mon père.

Papa était contrarié quand je pleurais. Il se fermait complètement. J'ai donc appris à faire comme si j'étais heureuse en sa présence. Je racontais des histoires. Je m'amusais à le distraire. Papa n'aimait pas entendre parler des problèmes des autres.

C'étaient les cadeaux de mon père qui me causaient le plus de soucis. Jacqueline finissait toujours par les découvrir et les mettre en pièces. Ça la rendait furieuse. Les coups redoublaient.

Je me rappelle avoir particulièrement redouté les jours de Noël et de mon anniversaire. Jacqueline m'attendait de pied ferme. Ça ne servait à rien que j'essaie de lui cacher le cadeau de papa ni même que je fasse comme si je n'y tenais pas. Elle le gardait pour elle ou l'abîmait. Pourtant, à Noël, papa lui faisait également parvenir un présent. Mais ça n'apaisait nullement le ressentiment de Jacqueline à mon égard.

Je crois que c'est à cette époque que j'ai commencé à excuser tout le monde. Encore aujourd'hui, je n'arrive pas à croire qu'une personne en malmène une autre délibérément. Je me dis qu'elle n'a sûrement pas l'intention de blesser l'autre intentionnellement; c'est juste parce que, au fond, elle souffre trop. Avec Jacqueline, je pensais mériter les mauvais traitements. N'avions-nous pas, maman et moi, envahi son univers? Et c'est ainsi que, plus tard, j'en vins à excuser les bassesses de mon mari, Albert.

Je crois qu'au fond, je pensais que je ne valais pas grand-chose. C'est ce qui expliquait que maman se préoccupait plus de la maison que de moi. C'est aussi ce qui justifiait qu'elle n'attachait aucune importance aux méchancetés de Jacqueline envers moi. Décidément, j'étais une moins que rien pour que maman ne se soucie pas de moi et, de toute façon, il valait mieux que ni maman ni Jacqueline ne fassent attention à moi.

À la maison, je m'arrangeais donc pour disparaître dans le décor. J'ai banni tout ce qui aurait pu me démarquer des autres. Je ne voulais d'aucun signe distinctif. Je voulais seulement qu'on me laisse seule.

Plus je grandissais, plus maman m'accaparait. Elle avait tant de problèmes. Elle s'en faisait pour l'argent, pour son poids, pour Grégoire qui n'était jamais à la maison. Un jour, je suis partie faire ma vie et Grégoire a divorcé. Maman n'a pas changé pour autant. Elle est restée déprimée. Elle n'a pas cessé de demander qu'on l'écoute.

Chaque fois qu'elle venait nous voir, Albert et moi, elle apportait quelque chose, surtout si elle avait remarqué, lors de sa visite précédente, que nous en manquions. C'était de la nourriture, un service de vaisselle, un peu d'argent, bref, ce dont j'avais toujours si désespérément besoin. En retour, il me fallait supporter ses jérémiades. Elle passait des heures à geindre dans un fauteuil pendant que je courais au sous-sol pour le lavage, ou à la cuisine pour les repas et le bain du bébé. Il me semblait qu'il m'incombait de trouver une solution à ses malheurs. Je me sentais responsable de son bien-être, exactement comme quand j'étais petite.

Avec tous les ennuis que j'ai eus avec Albert, j'aurais tellement apprécié avoir un peu d'encouragement, j'aurais tant aimé me confier à elle. Mais je ne voulais pas qu'elle soit au courant de ma misère.

Aujourd'hui, mon anniversaire a quelque chose de dérangeant. J'espère toujours que quelqu'un pensera à moi, qu'on ne m'oubliera pas. Pourtant, si je reçois un cadeau, je me sens mal à l'aise. J'ai la conviction qu'il me faudra, d'une manière ou d'une autre, en payer le prix. Et ce prix a toujours été trop élevé.

Le témoignage de Geneviève : le drame d'une enfant douée

[Note de l'auteure : Le témoignage suivant révèle une jeune fille qui, très tôt dans la vie, a montré une intelligence et des facultés cognitives hors du commun. Extrêmement brillante, Geneviève était sans doute une surdouée. On remarquera comment ses dons, pourtant exceptionnels, ont été mal compris, comment on a entravé le développement naturel de cette enfant.]

Je me rappelle très bien de mon enfance. J'ai en effet des souvenirs très précis des événements que j'ai vécus, des pensées et des sentiments que j'ai éprouvés. Je n'avais qu'un an et demi quand mon frère est né. C'est alors que ma vie s'est arrêtée. Je n'ai recommencé à vivre que des années plus tard, lorsque je suis entrée en thérapie.

Je n'avais pas deux ans et je me revois sur un canapé. À mes côtés, il y a un bébé. Ma mère me dit :

« Prends soin de ton frère. » Et je me rappelle avoir pensé : « Je ne sais pas comment faire ça. Je suis beaucoup trop petite. »

Si ce souvenir a aujourd'hui tant d'acuité, c'est sans doute parce qu'il a été déterminant pour mon avenir. Et, de fait, mes parents n'eurent plus d'attentions que pour leur fils. Mon rôle allait désormais être celui d'une Cendrillon. Seulement, moi, je n'avais pas de marraine.

Un jour, maman m'a entendue pleurer. Elle est aussitôt accourue pour me demander pourquoi j'étais recroquevillée au pied de l'escalier. Je lui ai dit que Simon m'avait poussée. (Il avait deux ans et demi et j'en avais quatre.) Elle a répliqué : « Il est incapable de faire ça, voyons. Tu as sûrement manqué une marche. »

Quand Simon voulait le jouet avec lequel je m'amusais, il le prenait. Parfois, je le lui retirais vivement des mains. Il protestait et nous nous disputions. Simon se mettait à hurler quand il n'obtenait pas ce qu'il voulait. Sitôt qu'elle entendait ses cris, maman se précipitait. Elle avait horreur qu'on la dérange et m'apostrophait : « Qu'est-ce que tu lui as encore fait ? » C'était toujours ma faute.

« Mais rien. Il m'a volé mon jouet et je l'ai repris. »

« Rends-le-lui tout de suite. Tu peux t'amuser avec quelque chose d'autre. »

J'ai fini par penser que j'avais toujours tort, que personne ne me comprenait.

C'est pourquoi j'aimais la solitude. Je pouvais lire, observer les oiseaux, m'amuser. Souvent, Simon s'approchait et me maltraitait. Je détestais qu'on me donne des coups. Je le repoussais donc pour l'éloigner afin qu'il ne puisse plus me frapper de nouveau. Il se mettait à brailler. Maman accourait et j'étais blâmée. Simon avait toujours raison.

Lorsque je me défendais, Simon s'arrangeait pour que maman s'en mêle et c'est moi qui avais alors le mauvais bout du bâton. J'ai compris qu'en ne ripostant pas, je m'épargnais la mauvaise humeur de maman.

Peu importe la situation, maman me tenait toujours responsable. Après tout, on m'avait confié la charge de mon petit frère. Je n'étais donc pas supposée m'amuser. Ma tâche consistait à m'occuper de lui, à lui trouver des activités, à le surveiller. Mon devoir était de le materner.

D'un autre côté, ma mère me répétait sans cesse : « Ma fille, ne te marie jamais. Être une épouse est le plus grand de tous les maux. Évite surtout d'avoir des enfants. C'est la pire bêtise que tu puisses faire. »

À l'école, j'étais en quatrième année et Noël approchait. J'étais tout excitée : j'allais jouer le rôle d'un ange dans une pièce de théâtre. Pour la première fois de ma vie, on m'avait choisie, moi. Qui sait? Peut-être que mon rêve de m'envoler vers une famille plus accueillante allait se réaliser. N'allais-je pas avoir des ailes et une magnifique robe blanche?

Je rebattais les oreilles à tout le monde avec cette histoire. J'ai demandé à papa et à maman s'ils allaient venir à la représentation. Papa n'a rien répondu et maman a dit : « Probablement. » Dans mon excès d'enthousiasme, je n'ai pas remarqué leur quasi-indifférence.

Un peu avant la représentation, je revêtis mon costume. Ce fut magique, je me sentis au septième ciel avec cette aube et ces ailes. La maman qui m'a aidée à revêtir mon costume répétait que j'étais jolie et, de fait, je me sentais très belle. J'étais prête à faire mon entrée. J'ai couru à l'arrière de la scène. J'ai écarté légèrement le rideau. Beaucoup de parents étaient déjà là. Mais je ne voyais pas les miens.

J'étais convaincue qu'ils viendraient. La pièce a commencé et ils manquaient toujours à l'appel. Je me disais qu'ils n'avaient probablement pas pu trouver facilement à garer la voiture. Peut-être étaient-ils dans la salle? C'est juste que je ne les voyais pas. Et puis, tous mes espoirs se sont évanouis d'un seul coup. J'ai compris qu'ils ne viendraient pas, qu'ils n'avaient jamais eu l'intention de venir.

C'est à partir de ce moment que je suis devenue cynique. Ils ont fait un boucan de tous les diables quand Simon a été admis dans la Petite Ligue. Moi, j'ai ricané sardoniquement.

Papa buvait beaucoup et se chicanait tout le temps avec maman. Ils en venaient parfois aux coups. Je n'avais pas dix ans quand j'ai commencé à planifier la vie que je mènerais quand je quitterais la maison.

À l'école secondaire, j'ai fracassé les records des tests d'aptitudes. Quand mes professeurs ont vu les résultats, ils n'étaient pas débordants d'enthousiasme. Personne n'a dit : « C'est fantastique, Geneviève! Tu peux entreprendre tout ce que tu voudras, tu réussiras, c'est certain! » En fait, leur message était plutôt du genre : « Ça ne vaut pas la peine de te donner tant de mal, Geneviève. Une femme ne vaut pas grand-chose. Tu peux bien faire ce qui te tente, ça ne changera rien. »

Je fréquentais l'école secondaire quand j'ai dit à mon père que le cours de chimie me semblait particulièrement ardu. Il a répondu : « Tu trouves? Mais ce n'est rien à comparer à ce qui t'attend au collège. » En fait, il me l'a redit si souvent que l'idée d'aller un jour au collège me terrorisait. Je savais bien qu'il voulait me convaincre que je n'avais pas les aptitudes pour faire des études avancées. Lorsque j'ai terminé le secondaire, je me suis donc inscrite dans une école de commerce.

Mon premier travail a été caissière dans une banque. Le soir, je suivais des cours de perfectionnement. J'aspirais à maîtriser toutes les facettes du système bancaire. Peu de temps après, j'ai accédé à un poste dans l'administration à titre de chargée de comptes. Je touchais pourtant un salaire inférieur à ceux de mes confrères. Les femmes étaient toujours moins rémunérées que les hommes. Quand j'ai fait part de la chose à mon père, il s'est écrié : « Bien sûr, voyons. Un homme a une famille à faire vivre. »

J'ai répliqué : « Ouais... Mais que dire de Suzanne? Son mari est mort, elle a deux jeunes enfants dont l'un a besoin d'une intervention chirurgicale. Pourtant, elle ne touche que la moitié du salaire que l'on verse aux hommes qui, dans ce bureau, ont les mêmes responsabilités qu'elle. »

Et papa a commenté : « Tu m'en vois navré. Elle finira bien par s'arranger. »

Quand je suis passée dans la haute administration, j'ai hérité des comptes d'un employé qui bâclait son travail. Les comptes des clients étaient dans un état lamentable. Pour corriger la situation, je n'avais d'autre choix que de révéler à mes supérieurs l'aberrante négligence de mon prédécesseur. Je crois que mes clients méritent ce qu'il y a de mieux. J'ai agi selon ma conscience. Mes collègues masculins n'ont pas apprécié. Je n'avais pas l'esprit d'équipe, je sabotais le club des as qui se protègent les uns les autres. Mes clients, eux, étaient ravis. Beaucoup d'autres m'ont confié leurs comptes.

À la banque, on a rationalisé les opérations et j'ai perdu mon travail parce que je n'avais pas de diplôme : on ne tint pas compte des cours du soir que j'avais suivis parce qu'ils n'étaient pas officiellement reconnus par le système d'éducation.

C'en était trop. J'ai baissé les bras. Quand j'ai quitté le foyer familial, je croyais qu'en respectant les règles du jeu, qu'en y mettant les efforts, je ne pouvais que réussir. Je me trompais. J'appartiens à la génération des femmes silencieuses. Partout autour de moi, je voyais des hommes qui décidaient et des femmes qui servaient. Le respect de la justice, la lutte contre les inégalités, la fidélité à ses principes — bref, tout ce qui avait de la valeur à mes yeux ne semblait intéresser personne.

Dans ma jeunesse, j'ai épousé un homme qui s'est avéré être alcoolique. J'ai divorcé. J'avais hérité d'un petit lopin de terre de mon père. Je rêvais d'y construire une maison. Quand j'ai quitté ce mari, j'ai été forcée de le vendre pour une bouchée de pain. J'avais besoin d'argent pour revenir à la maison.

J'ai cependant eu la chance d'acheter une petite propriété. C'était la première chose qui m'appartenait en propre. Je n'avais pas beaucoup d'argent pour le mobilier. J'ai couru les marchés aux puces et les soldes de liquidation d'ameublement. Une fois installée, j'ai invité la famille à dîner : mon père, mon frère et ma belle-sœur ainsi que ma demi-sœur, née d'un premier mariage de ma mère. C'est drôle, ils habitent tous à moins de trente kilomètres de chez moi et ne m'ont presque jamais visitée en vingt-quatre ans. Mon frère et sa femme sont quelquefois venus me voir. Mon père s'est arrêté trois fois. Ma demi-sœur, une seule fois : elle avait quelque chose à me vendre.

Jusqu'à ce que j'entre en thérapie, je n'avais jamais réalisé à quel point j'étais déprimée. Je n'étais même pas consciente des raisons qui motivaient cette neurasthénie. Avec tous les efforts que je faisais, je n'arrivais pas à comprendre pourquoi on m'ignorait. Pourquoi n'avais-je d'intérêt, d'importance pour personne? Est-ce parce que j'étais une femme?

Les membres de ma famille ne venaient me voir que lorsqu'ils y semblaient forcés. C'est donc moi qui les visitais, les jours de fête, quand il était d'usage que l'on se réunisse. On m'accueillait généralement avec condescendance : « Tiens, si ce n'est pas notre Geneviève! » Le ton signifiait surtout : « Tiens, voici la cinquième roue du carrosse. Où va-t-on pouvoir la mettre? »

Après quelques sessions de thérapie, j'ai cessé de les visiter. J'ai renoncé à faire comme si j'avais une famille.

Quand Gilles est entré dans ma vie, je croyais être au septième ciel. Il était le premier homme à me témoigner de la tendresse. Chaleureux, empressé, attentif, il reconnaissait mes talents et m'encourageait à les exploiter. Je lui ai donné mon cœur et mon corps sans réserve.

Qu'il fût marié me désespérait, mais je n'y pouvais rien. Je sais bien qu'en agissant de la sorte, je reniais mes valeurs les plus chères, mais j'avais besoin de lui comme une fleur déshydratée a besoin d'eau. J'ai supporté cette situation pendant vingt ans.

Et puis, quand il a enfin été libre, nous avons eu des difficultés d'un autre ordre. Je croyais que nous avions toujours vécu dans l'intimité, mais le quotidien de notre relation m'a détrompée. J'espérais qu'il accueille ce que je ressentais au plus profond de mon être. Mais Gilles ne se montrait presque aucunement intéressé et ça me mettait en rogne.

J'aurais aimé discuter de nos différends. Je me tuais à lui expliquer le fond d'un problème, mais il ne semblait même pas s'apercevoir que j'étais là, qu'il y avait une quelconque difficulté à régler, que notre relation était en jeu. Je lui disais que je le sentais loin de moi, que j'avais besoin qu'il m'accueille, qu'il me parle de ses émotions. Et tout ce qu'il trouvait à répondre était : « Je me sens très bien. » Deux heures plus tard, il me demandait de faire l'amour.

Gilles ne comprenait-il donc rien? Croyait-il que je puisse me donner à un homme dont je me sentais éloignée? J'en vins à me poser des questions. N'avions-nous pas trop souvent ce genre de discussions? En fait, les vingt ans où nous n'avions été qu'amants ne m'avaient pas montré à quel point nous étions différents. Pendant toutes ces années, Gilles ne m'avait en fait consacré que deux heures par semaine. C'était somme toute très aimable de sa part, mais des tas d'autres gens n'en auraient-ils pas fait autant?

Pendant un certain temps, j'ai cru que nous allions nous séparer. J'aimais cependant la franche camaraderie et les bons moments que nous passions ensemble. Mais quand j'abordais la question des sentiments, Gilles faisait la sourde oreille et ça me mettait hors de moi. Je crois que c'est ce qui nous a menés au bord de la rupture. Je revendiquais et il se sentait coincé. Nous avons bien essayé quelques séances de thérapie de couple, mais ça n'a pas donné de résultats concrets.

Heureusement, j'ai aujourd'hui changé d'attitude. Je n'entretiens plus autant d'attentes envers lui. Je me suis rendu compte peu à peu qu'une certaine forme d'inconscience lui permet de vivre heureux. Il n'est pas comme moi, qui ai tellement besoin d'analyser tout ce qui arrive et, particulièrement, mes relations. Quand je pense à tout ce temps où, en dépit de signes m'indiquant pourtant le contraire, j'ai refusé d'envisager l'idée qu'il était différent de moi. Je tenais mordicus à ce qu'il ait le même degré de conscience que moi. C'était si important pour moi. Ne saisissait-il pas cela? J'ai aujourd'hui compris que ça ne l'intéresse pas. Il va son petit bonhomme de chemin sans trop se questionner. Il préfère aborder la vie et les gens d'une manière superficielle.

Un changement s'est opéré en douceur, mais il est bien réel. Le fait que nos relations soient plus détendues nous a considérablement rapprochés. Quand la métamorphose s'est-elle produite? Je ne saurais le dire avec précision.

Je suis allée en thérapie. J'ai travaillé d'arrache-pied pour comprendre ce qui se passait en moi. Chaque séance m'en révélait davantage. Je me suis peu à peu approprié de nouveau la personnalité de la vraie Geneviève, celle que j'étais avant l'arrivée de mon petit frère.

Je ne m'étais jamais rendu compte à quel point j'avais été une enfant négligée et abusée. Je n'avais jamais pris conscience que l'on avait toujours découragé mes initiatives, mes goûts personnels. Je n'existais que pour materner Simon. Mais personne ne m'a montré à être une bonne mère. Maman dévalorisait la maternité et l'expérience avec mon frère avait fini par me convaincre d'évacuer ce rôle de ma vie.

On m'a dissuadée de faire des études supérieures, on a étouffé mon désir de faire carrière. Parce que j'étais une femme, disait-on, tout ce que j'entreprendrais allait d'avance être voué à l'échec. Je n'ai même pas eu de mari à moi. J'ai emprunté celui d'une autre.

Avec ma mère, je ne me suis jamais permis d'exprimer la moindre colère, mais mon quotidien s'en est douloureusement ressenti : je ne me décidais jamais à accepter ou à refuser ce qu'elle m'enseignait. Je me rebellais contre tout ce qu'elle décrétait. Une femme, par exemple, était censée avoir un appartement propre. Mais quand j'ai perdu mon travail à la banque, j'ai comme démissionné devant la vie et j'étais incapable de mettre de l'ordre chez moi, même si ma vie en dépendait. Je voyais les objets s'entasser et je détestais ça. Je n'arrivais pas à me résoudre à ranger. Et pourtant, au fond, j'aspirais à l'ordre et au confort. Dans ce domaine, j'ai vécu des années tiraillée entre mon désir de bien-être dans ma maison et mon incapacité à passer à l'action.

Ce genre de conflit a marqué, pendant des années, presque tous les domaines de ma vie — et ça m'a complètement épuisée. Quand j'aimais une chose, je ne savais jamais si c'était parce qu'elle répondait naturellement à mes besoins ou si c'était parce que ma mère, elle, l'aurait détestée. Et pourtant, chaque fois que je prenais le contre-pied de ce qu'elle aurait souhaité, je portais un sentiment de culpabilité. De toute façon, j'étais convaincue que ma vie était un échec.

Grâce à la thérapie, j'ai repris du poil de la bête. Je n'essaie plus de m'opposer à ma mère, de réagir en fonction de ce qu'elle aurait approuvé sans réserve ou de ce qu'elle aurait souverainement méprisé. J'ai lâché prise sur ces contraintes et mes choix ont commencé à s'imposer avec plus de naturel. J'ai appris la modération. J'agis aujourd'hui en fonction de mes aspirations, non des siennes.

Je tenais à ce que Gilles entende ce que j'avais à dire parce que moi, je ne savais pas m'écouter. Je voulais qu'il me sorte de l'enfer où l'on m'avait enfermée.

Je pense aussi que ça va mieux entre nous deux parce que je prends soin de moi. Peu à peu, la vraie Geneviève refait surface. J'y vois plus clair. Je me sens plus libre. Je sens que je m'appartiens. Je n'ai plus besoin que Gilles s'occupe de moi. Je peux le faire toute seule. Je me fais confiance. Je crois en moi.

Je redoute parfois les ombres du passé. J'ai vécu si longtemps dans la peur que j'ai l'impression que ce bonheur ne durera pas. Lentement, mais sûrement, je constate que l'être triste et affligé que j'étais appartient bel et bien au passé et j'acquiers la certitude que la voie dans laquelle je me suis engagée est la bonne, que je deviens véritablement moi-même. Je peux donc faire confiance en ce processus. Avec la thérapie, j'ai l'impression d'être montée à bord d'un train et je regarde le quai d'où je suis partie s'estomper dans les brumes d'un passé révolu.

Nos frontières, notre moi

Nous aurions pu ne jamais avoir la chance de découvrir l'intelligence de Geneviève et la sensibilité de Jessica. Je ne veux pas dire que la souffrance auraient pu les conduire à se suicider. Pas besoin de souffrir autant qu'elles pour s'enlever la vie ou pour succomber à la haine d'un enragé. Je veux simplement dire que si Geneviève ou Jessica n'avaient rien fait pour s'en sortir, nous aurions été privés du précieux témoignage de leur prise de conscience et, partant, de toute la force que ces femmes remarquables, voire exceptionnelles, ont à communiquer.

Les progrès en psychothérapie ainsi qu'une plus grande expérience du processus de recouvrance ont permis à un grand nombre de femmes et d'hommes de retrouver ce qui, au cours de leur enfance, leur a été dérobé à la suite d'abus ou de négligence.

La connaissance de soi et le développement de ses frontières émotionnelles vont de pair. Des frontières floues traduisent une piètre estime de soi tandis qu'une excellente maîtrise de soi révèle des frontières claires, solidement établies. Des frontières qui ne s'appuient sur aucune conscience de soi sont comme un ballon troué : il est impossible qu'il retienne l'air. Une conscience de soi sans frontières est comme un ballon qui n'a jamais été gonflé : un objet imprécis, sans forme ni consistance.

Geneviève et Jessica ont toutes deux été exposées aux mauvais traitements des leurs. L'abus a progressé parce que les parents étaient émotionnellement absents. La négligence favorise l'abus.

Jessica a trouvé un moyen très subtil de survivre à la hargne de sa demi-sœur, à la négligence de sa mère et à l'inconscience de son père : elle a délibérément renoncé à son identité, à être elle-même, comme on se débarrasse d'un vêtement trop voyant. Elle a préféré se fondre dans le décor. En d'autres termes, elle a refusé de s'affirmer.

Avec son père, Jessica a quand même connu une certaine forme de sécurité. Il était donc indispensable qu'elle passe du temps avec lui. Mais pour ne pas risquer d'être rejetée par son père (il n'aimait pas la voir pleurer), elle s'est forgé une personnalité artificielle : la petite fille qui faisait rire tout le monde.

Ni Jessica ni Geneviève n'ont appris le sens du mot posséder. Jacqueline réduisait en miettes tout ce qui appartenait à Jessica. Geneviève devait tout partager avec Simon. Ni l'une ni l'autre n'étaient assurées de pouvoir garder quoi que ce soit qui leur appartenait en propre. Elles en vinrent donc à penser que, dans la vie, il faut se contenter de peu.

Le droit d'être soi-même

Les accomplissements de Geneviève se voyaient invariablement bafoués par le même commentaire : tu ne peux être toi-même. En fait, Geneviève ne vivait que pour s'occuper de son frère. Pourtant, Geneviève possédait, à sa naissance, un sens inné de sa différence. C'était spontanément qu'elle entrait en contact avec ses émotions, qu'elle affirmait des valeurs qui la distinguaient des autres. À l'âge où la plupart d'entre nous adhèrent sans réserve aux valeurs de leurs parents, Geneviève devinait sans l'ombre d'un doute qu'elle ne recevait pas toute l'attention qu'elle méritait.

Qu'une telle force ait pu être si brutalement refrénée est révélateur du terrible pouvoir destructeur d'une famille dysfonctionnelle. La maladie des parents a rendu la fille malade. On s'est acharné à nier à Geneviève son droit d'être elle-même. Mais toutes ces années d'oppression n'ont pas réussi à éteindre l'étincelle qu'elle a toujours conservée en son cœur : l'impérieux besoin d'être elle-même. C'est ce qui l'a conduite en thérapie, c'est ce qui l'a soutenue dans son cheminement et c'est ce qui a allumé le grand feu de joie qui aujourd'hui l'habite.

Geneviève et Jessica ont été privées de leur individualité. On ne les laissa pas développer leurs frontières. Rien ne protégeait leur intériorité. Des milliers de personnes vivent ainsi aujourd'hui. Leur corps véhicule une vie agonisante, presque anéantie, une vie remplie par les idées et les rêves des autres, une vie nourrie par la haine, le ressentiment, la drogue, l'obsession de posséder, tout ce qui pourrait peut-être combler le désert d'une vie de solitude.

Ce qui renforce, ce qui affaiblit

Les frontières émotionnelles définissent le moi. Livrez-les à des assauts répétés et l'intégrité de l'être se désagrège. Le caractère unique de notre personnalité est le résultat d'un processus complexe de mise en perspective d'idées, de sentiments, de valeurs et de désirs que nous seuls sommes capables de réaliser. Les frontières émotionnelles protègent cet ensemble.

Qu'est-ce qui renforce nos frontières émotionnelles? Le droit de dire non, la liberté de dire oui, le respect des émotions, l'encouragement à être soi-même, l'acceptation des différences, le développement de sa créativité, le droit de s'exprimer.

Qu'est-ce qui affaiblit nos frontières émotionnelles? Le ridicule, le mépris, la dérision, le sarcasme, la moquerie, la hargne, la tyrannie, le conformisme, l'abandon, la menace, l'insécurité, le besoin de dominer, la répression des sentiments, le brouillage de la communication, l'absence de discernement, l'abus sous toutes ses formes.

La plupart des témoignages que vous avez lus dans ce livre présentent des cas d'abus et de négligence plutôt graves. Nous allons maintenant examiner quelques exemples de cas moins excessifs qui montrent qu'on peut aussi, mine de rien, éclabousser ses frontières émotionnelles.

Entrer dans la peau de quelqu'un d'autre

Prétendez un instant être quelqu'un d'autre et examinez comment vous vous sentez. En fait, quand on entre dans la peau d'un autre, que l'on adopte des attitudes, des comportements différents des siens, on ouvre ses frontières à un étranger fictif qui envahit le moi. Ceux et celles qui se livrent souvent à cette pratique ne tardent pas à éprouver un sentiment d'aliénation. Il est même possible de perdre ainsi contact avec sa vraie nature, ne plus être capable d'identifier clairement ses désirs, ses besoins.

Une frontière claire, fermement établie, préserve votre individualité, votre unicité. Votre expérience de la vie, vos accomplissements, votre personnalité, ce qui vous intéresse, ce qui vous répugne, votre manière de percevoir, votre système de valeurs, vos priorités, vos habiletés, tout cela participe à ce que vous êtes, tout cela contribue à vous distinguer des autres.

Quand vous partagez honnêtement ce que vous ressentez, ce que vous pensez ou ce qui vous touche, vous précisez la nature de vos émotions à vous-même comme aux autres. De même, quand vous adoptez le point de vue d'un autre pour dissimuler votre désaccord, vous occultez aussi la ligne de démarcation de vos frontières, vous la masquez à votre conscience et à celle des autres.

Examinez comment vous vous sentez quand vous riez d'une plaisanterie douteuse ou que vous défendez une opinion politique contraire à vos convictions. Ça n'a rien d'agréable de se nier soi-même. Mais il arrive des situations où l'on n'a pas le choix. Quand, par exemple, sa survie est en jeu.

Avez-vous déjà été forcé d'agir ainsi? Un jour, Bernard Mason est allé dîner avec des collègues de bureau. Un projet de loi qui obligerait les citoyens à recycler une partie de leurs déchets allait bientôt être voté. Tous s'opposaient à cette loi. Mais Bernard pensait que c'était une bonne chose. Il ne l'a cependant révélé à personne parce qu'il ne voulait pas faire bande à part. Il aurait ainsi risqué son travail et, par le fait même, sa sécurité financière.

Voici quelques exemples de situations par lesquelles on renie ce que l'on est. Elles illustrent comment on affaiblit ses frontières émotionnelles.

- Faire semblant que vous êtes d'accord quand vous ne l'êtes pas. Exemple : « J'adore cette couleur. » (Vous la détestez.)
- Masquer le véritable sentiment qui vous habite. Exemple : « C'était pas grave. » (Vous en avez beaucoup souffert.)
- Participer à une activité qui ne vous sourit guère. Ne pas exprimer votre vraie préférence. Exemple : « C'est bon, allons voir un film. » (Vous aimeriez mieux faire une promenade.)

- Refuser de participer à une activité qui vous sourit. Exemple : « Non merci, les gars. Allez-y sans moi. » (Vous brûlez d'envie de vous joindre à eux.)
- Ne pas respecter vos propres limites.
- Travailler trop fort.
- Travailler de longues heures.
- En faire trop pour les autres.
- Ne pas vous reposer quand vous êtes fatigué.
- Ne pas tenir compte de vos besoins.
- Ne pas manger à heures fixes. Mal se nourrir.
- Ne pas prendre assez de sommeil.
- Ne pas disposer d'une minute à soi ou être toujours seul.
- Faire trop d'exercice physique. Ne pas en faire du tout.
- Négliger les relations que vous entretenez avec les gens qui se soucient vraiment de vous.
- Ne pas consacrer de temps aux loisirs. Avoir trop de loisirs.
- Consommer pour se fuir : drogue, alcool, nicotine, caféine, sucre, médicaments.
- Fuir la réalité par des comportements compulsifs dans la nourriture, le jeûne, l'exercice physique, le travail, les courses, la télé, la sexualité, les jeux, les sports. Dépenser sans compter. Finalement, tout peut être fait compulsivement.

Si ces exemples éveillent en vous de pénibles souvenirs, il y a gros à parier que vous avez, au sein de votre famille d'origine, appris à survivre en sacrifiant vos opinions personnelles à celles d'autrui.

Se nier a quelque chose de rassurant

Les problèmes de l'enfance pavent généralement la voie à ceux de la maturité. Ainsi en est-il de ceux qui, dans l'enfance, se sont vus forcés de renoncer à ce qu'ils pensaient ou à ce qu'ils ressentaient. Adultes, ils continuent de nier la réalité qui les habite. Parler franchement menace la sécurité de l'être, sa survie.

Quel atroce dilemme! Se sécuriser en se niant et, du coup, brouiller la réalité de ce que l'on est. On croit se mettre à l'abri, mais on viole en fait une frontière émotionnelle.

Comment s'en sortir? Si le développement d'une frontière a été gravement atrophié au cours de l'enfance, une thérapie est sans doute le meilleur moyen de rééquilibrer sa vie. Ceux et celles qui ne parviennent pas à rétablir l'intégrité de leurs frontières sont condamnés à revivre sans cesse les conflits de leur enfance. « Devenus adultes, les enfants dont le moi et l'identité ont subi de sérieux traumatismes ne peuvent évoluer », écrit Jane Middleton-Moz, « [...], ils ne parviendront pas à résoudre leurs traumatismes et à compléter le développement de leur vie d'adulte en les recréant, à répétition, avec des figures d'autorité, avec leurs intimes, avec leurs propres enfants ou avec un thérapeute. »*

On a donc le choix : ou on déclare la guerre à ses supérieurs, ses amis, son conjoint, ses collègues de travail et ses enfants, ou on se tourne vers un professionnel qui nous apprendra à construire des frontières et assumer notre sécurité.

Y a-t-il d'autres façons de renforcer son identité et ses frontières émotionnelles? C'est ce que nous verrons au chapitre 9.

Surveiller ses limites

Exercice 5.1

Matériel : Une trentaine de pièces d'un cent et un vêtement comportant au moins une poche.

Première partie

1. Mettez les pièces dans une de vos poches ou gardez-les à portée de la main (sur un meuble, dans un sac). C'est la banque.
2. Les jours un et deux, chaque fois que vous parlez pour exprimer une pensée qui révèle votre vraie nature, ou chaque fois que vous effectuez un choix qui l'affirme, tirez une pièce de la banque.

---

* Jane Middleton-Moz, *Children of Trauma*, Floride, Health Communications, 1989, p. 64 (traduction libre).

3. Le lendemain soir, comptez les pièces en votre possession.

Seconde partie

1. Les jours trois et quatre, mettez les pièces, que vous a mérité votre bonne conduite, dans votre poche.
2. Chaque fois que vous refusez d'exprimer vos vraies pensées ou sentiments, ou chaque fois que vous effectuez un choix qui nie le fond de votre pensée, remettez une pièce à la banque. Si vous venez à manquer de pièces, utilisez des pièces de 5 cents à même vos fonds et donnez-les à la banque.
3. À la fin du jour quatre, comptez les pièces qui restent dans votre poche. S'il n'y en a plus, comptez les pièces de 5 cents dans la banque. Vous êtes-vous nié plus souvent que vous vous êtes affirmé?
4. Discutez de vos impressions avec un ami sincère.

Conséquences psychologiques

Exercice 5.2

Première partie

1. Évoquez un événement où vous avez renié votre vraie nature. Méditez sur cet événement. Rappelez les sentiments qu'il a fait naître.
2. Prenez une plume, du papier et décrivez cet événement. Retracez avec précision de quelle manière vous vous êtes renié. Élaborez sur les sentiments

qui vous habitaient. Parlez de ce que vous avez ressenti par la suite. Retracez le profil de vos frontières. Paraissaient-elles floues? Perceviez-vous clairement votre identité? Vos frontières avaient-elles tendance à s'estomper?

Seconde partie

1. Évoquez un événement où vous avez affirmé votre vraie nature. Méditez sur cet événement. Rappelez les sentiments qu'il a fait naître.
2. Prenez une plume, du papier et décrivez cet événement. Retracez avec précision de quelle manière vous vous êtes affirmé. Élaborez sur les sentiments qui vous habitaient. Parlez de ce que vous avez ressenti par la suite. Retracez le profil de vos frontières. Paraissaient-elles bien définies? Perceviez-vous plus clairement votre identité? Vos frontières se renforçaient-elles?
3. Lisez votre texte à un ami sincère.

◆ 6 ◆

Des frontières multiformes

Un chien vient quand on l'appelle

Les frontières se présentent sous toutes sortes de formes : rigides, souples, perméables, imperméables. Nous les dressons parfois tout près de nous, parfois très loin.

« Un chien vient aussitôt qu'on l'appelle; un chat reçoit le message avant d'y répondre. » Ce mot de l'écrivaine Mary Bly peut illustrer les concepts de proximité et d'éloignement d'une frontière.

Frip, ma chienne, veut vivre très proche de moi, sa maîtresse. En fait, elle se comporte exactement comme un tout petit chien et c'est une tragédie pour elle que de peser plus de 20 kilos. Frip épie le moindre de mes mouvements. Si je change de pièce au moment où elle dort, elle s'éveille et me suit sans hésiter. Notre famille est au centre de son monde. Frip, qui a fixé ses frontières très proches des autres, croit que les autres animaux en font autant. Et ça lui attire parfois des ennuis avec l'un de nos chats.

Un chat accuse réception du message avant d'y répondre

Un chat établit ses frontières sur une tout autre base. La plupart du temps, il ne fait que ce qui lui plaît. Quand l'envie lui prend de se rapprocher de vous, il choisit la distance qui lui convient. Il décide quand il veut qu'on le prenne et s'en va quand il en a assez. Il choisit lui-même l'endroit qui lui convient pour dormir, à l'autre bout du canapé ou ailleurs. Un chat n'ignore pas qu'une personne change de place, entre ou sort d'une pièce, mais ça ne l'empêche nullement de poursuivre ses activités. Quand j'entre dans la pièce où elle se trouve, ma chatte ouvre furtivement un œil et replonge aussitôt dans sa sieste. En rapport avec les frontières, on peut donc dire que la gent canine pratique la souplesse et la proximité tandis que la gent féline préfère la rigueur et l'éloignement.

C'est Frip qui s'est chargée de l'éducation de notre chatte Princesse. Elle adorait lécher le chaton que nous lui avions confié. Elle y mettait tant d'énergie que les coups de langue ballottaient Princesse un peu partout à travers la maison. Aujourd'hui devenue adulte, Princesse se prête encore de bonne grâce aux effusions de Frip. Avec les humains, ou tout autre animal, ma chatte ne tolère certes pas de tels débordements : ses frontières sont maintenues avec une grande rigueur.

On a vu Frip se précipiter sur Princesse et la lécher avec tant de vigueur que la pauvre chatte a fini par avoir l'air d'une vadrouille détrempée. Princesse a bravement supporté l'épreuve, même si à la fin elle avait une allure passablement débraillée. En présence de sa mère adoptive, les frontières de Princesse sont d'une grande flexibilité.

Le droit à l'intimité

Certaines personnes maintiennent leurs frontières si proches d'autrui qu'elles se retrouvent nez à nez avec tous ceux qu'elles rencontrent. Si vous vous sentez obligé de répondre à toutes les questions que l'on vous pose, si vous communiquez sans réfléchir vos pensées et vos sentiments à n'importe qui, c'est que vos frontières sont trop près des autres.

Vous avez droit à votre intimité. C'est vous qui décidez avec qui vous souhaitez partager vos pensées et vos sentiments. Nul ne peut exiger que vous lui livriez des renseignements ou des états d'âme que vous préféreriez taire. Ne vous sentez jamais obligé de faire les frais du manque de tact d'un autre individu.

Voici quelques exemples de réponses qui vous aideront à préserver votre intimité : « Je n'ai pas le goût de parler de ça. » « Je préfère garder cela pour moi seule. » « Ça ne regarde que moi. » « Ça m'étonne que vous me posiez cette question. » « Désolé, ce sujet ne concerne que ma vie privée. »

Des parents indiscrets

Certains parents fixent leurs frontières très près de leurs enfants : ils se confient à eux sans réserve et les accablent avec des renseignements aussi néfastes qu'oiseux. Une petite fille à qui on demande de solutionner des problèmes requérant un certain degré de maturité ne sait pas qu'elle n'est nullement outillée pour cela. En fait, elle sent plutôt que ses parents ont des besoins qu'elle est incapable de combler. Elle finit par croire, en grandissant, qu'elle est trop responsable et incompétente.

Une conjointe à qui rien n'échappe

Une femme qui établit ses frontières trop proche de celles de son conjoint ne peut qu'être vulnérable à ses sautes d'humeur. Pas un froncement de sourcils, pas un pincement de lèvres ne lui échappe et elle s'en impute volontiers la responsabilité, même si, en réalité, elle n'a rien à voir avec ce qui affecte son mari. Plusieurs se dépensent sans compter pour leur conjoint. Certaines acceptent même d'accomplir des tâches qui ne sont pas du tout de leur compétence.

À l'inverse, des frontières peuvent être établies trop à distance. Une personne peut avoir besoin d'un espace vital tellement grand autour d'elle qu'un simple geste amical et approprié sera perçu comme une intrusion. Une telle personne est isolée du reste du monde. Elle a de la difficulté à se faire des amis, à se confier, même à des gens pourtant très sécurisants. Elle vit dans la solitude.

L'éloignement amène la négligence

Certains parents maintiennent leurs frontières très loin de leurs enfants. Sans contacts émotifs et physiques décents, un enfant entretient une peur grandissante parce qu'il ne se sent pas en communication avec ses parents. Négligé du point de vue affectif, il vit la peur de l'abandon. Une mère distante, par exemple, ne crée aucun lien significatif avec son enfant. Une petite fille ressent cet état de fait et lorsqu'elle comprend que le lien avec sa mère est à sens unique, elle se sent terriblement seule au monde. Parfois, la distance à franchir est tellement grande qu'un enfant ne parvient pas à créer un lien avec ses parents. Son aptitude à nouer des relations s'en trouve passablement carencée. Devenu adulte, il reproduit généralement ce comportement et fixe ses frontières trop loin de ses enfants.

Ne pas être en contact avec ses émotions trouble la communication. Un homme dont les frontières intérieures sont trop loin de sa conjointe éprouvera de la difficulté à échanger avec elle. Une simple curiosité de sa femme pourra être interprétée comme une indiscrétion. Certains se sentent facilement envahis, voire étouffés, par les élans d'affection de leur partenaire.

Proximité et éloignement

Un parent peut à la fois vivre trop près et trop loin de ses enfants. Certaines mères ne sont jamais disponibles émotionnellement, mais n'en accaparent pas moins l'espace vital de leurs enfants quand elles cherchent à connaître tous leurs secrets ou quand elles exigent qu'ils pensent et agissent d'une certaine façon. D'autres ne se donnent pas la peine d'écouter ce que leurs enfants essaient de leur dire. Elles font par contre de leurs enfants leur soutien émotif et leur demandent de combler leurs besoins et leurs attentes.

Il n'est pas rare qu'une femme qui fixe ses frontières très proche des autres épouse un homme qui établit les siennes très loin d'autrui. C'est le cas de Thérèse qui vit tellement proche des autres qu'elle peut à peine se protéger d'eux. Par contre, les frontières de Charles sont tellement éloignées qu'il parvient difficilement à se mettre sur la même longueur d'onde que Thérèse. Leur relation est constamment tendue. Il arrive que Thérèse réagisse en faisant comme si ses frontières n'existaient pas. Parfois, au contraire, elle les rapproche de Charles. Elle croit tendre la perche à son conjoint en lui montrant comment elle peut exprimer ses émotions. Mais Charles, qui trouve de mauvais goût cet étalage de sentiments, se referme davantage. Leur relation tourne alors autour du jeu de pouvoir par lequel une femme tente de rallier un homme à son point de vue, tandis que l'homme cherche par tous les moyens à y résister.

Une vie aliénante

Ceux qui maintiennent des frontières très rigides se ferment à toute idée nouvelle, à toute expérience inédite. Ces personnes créent difficilement des liens. Elles ont en général l'esprit étroit et rejettent les opinions contraires aux leurs, les sujets en dehors de leurs préoccupations.

François (dont le témoignage figure au chapitre 2) nie la réalité des émotions. On se souviendra que son père et sa mère vivaient très éloignés émotionnellement de leur enfant avec qui ils n'échangeaient presque pas. Méconnaissant les bienfaits d'un lien émotif quelconque, François ne chercha jamais à entrer en contact avec ses émotions de manière significative. Quand elles se manifestaient avec trop de force, il était complètement désarçonné : habitué à tout contrôler dans la vie, il sentait que tout lui échappait. C'est précisément ce qui lui est arrivé quand sa femme l'a quitté. Sa souffrance a explosé de manière incontrôlable. Pourquoi? Parce qu'il n'a jamais appris qu'une douleur finit, avec le temps, par se résorber quand on assume pleinement ses émotions, quand on leur accorde l'attention qu'elles méritent.

Mais François ne contrôlait pas seulement ce qui le faisait souffrir. Il avait de la difficulté à se donner du plaisir, à participer à la joie d'un événement heureux. Plaidait-il devant un jury? Participait-il à un pique-nique? L'expression de son visage ne se départissait jamais de sa neutralité. Au tribunal, il lui arrivait de plaider avec fougue et passion, mais ces sentiments étaient feints parce que François n'hésitait pas à simuler les émotions qui servaient sa cause. À quoi d'autre les sentiments lui auraient-ils servi?

L'épouse de François se plaignait de son refus de reconnaître que les sentiments influencent les comportements. En avait-elle assez de faire la cuisine? François lui répondait qu'elle se montrait déraisonnable. L'ennui ou le manque d'intérêt ne justifiaient nullement que l'on puisse se dérober à ses obligations et François déployait tous les artifices de son art de plaider pour prouver à sa femme qu'elle avait tort. Ils ont déjà eu une scène qui a duré trois heures parce que madame refusait de préparer le dîner.

François était tellement loin de ses émotions qu'il était de glace avec sa femme. Il remarquait à peine les victoires qu'elle remportait. Exprimait-elle de l'inquiétude, il affichait du mépris. François n'arrivait à partager aucune expérience de la vie : ses frontières étaient trop rigides, trop imperméables aux sentiments d'autrui.

Trop de souplesse

À l'opposé, certains font tellement preuve de souplesse que leurs frontières paraissent ne rien délimiter du tout. Prenons l'exemple d'Éveline. Elle assiste à une fête où se réunissent plusieurs personnes de son voisinage. Éveline approuve l'opinion d'une femme qui lui dit que la saison estivale a été si chaude que c'est à peine si elle a mis le nez dehors. Quinze minutes ne se sont pas écoulées qu'elle convient, avec une autre, que l'été, cette année, a été des plus supportable.

Éveline a une personnalité caméléon : quelle que soit la demande, elle y est sensible. Voici un autre exemple. Éveline se prépare à conduire les enfants à l'école quand le téléphone sonne. Elle décroche et laisse l'autre s'exprimer aussi longtemps qu'il le désire; ce sont les enfants qui, finalement, lui rappelleront leur existence en témoignant de leur impatience de façon bruyante.

Une personne dont les frontières sont trop flexibles a tendance à se sentir débordée devant la vie. À chaque nouvelle demande, elle abandonne ses tâches et ne s'occupe plus que de cette nouvelle demande. Elle a de la difficulté à établir ses priorités et à s'y tenir. À peine a-t-elle entrepris quelque chose qu'elle laisse autre chose l'absorber. En fait, elle a toujours l'air désorganisée.

Une mère ou un père qui vit ce problème ne peut fournir à ses enfants le cadre rassurant d'un horaire structuré où des limites sont clairement établies, où des règles de vie sont respectées. Parce qu'il ne sait pas protéger ses propres besoins, ce parent a souvent des enfants égoïstes, incapables de respecter les besoins des autres. Un parent qui ne peut gérer ses priorités convenablement ne peut le faire avec ses enfants. Citons l'exemple d'un parent toujours en retard; ses enfants en viennent à penser qu'ils ne sont pas importants. Ils vivent de l'abandon.

Ce sont des exemples extrêmes. Une même personne peut, selon les circonstances, faire preuve de trop de souplesse, de trop de rigidité, ou trouver le juste milieu. Par contre, un parent qui témoigne de trop de laxisme est cependant sujet à être manipulé par ses enfants qui s'arrogent alors trop de pouvoir. Les enfants ont besoin qu'on leur dicte leurs limites, ils ont besoin d'être encadrés.

Un conjoint qui fait preuve de trop de souplesse risque d'irriter son partenaire ou, à l'extrême, de miner la confiance qu'il lui porte. Une incapacité à établir des limites claires peut mener, par exemple, à une affection inappropriée à l'extérieur de la relation.

Une femme, par exemple, dont les frontières sont trop souples aura, à la limite, de la difficulté à trouver un conjoint ou un mari. Se sentant obligée de répondre aux besoins de tout un chacun, elle risque de se marier tout simplement parce qu'un homme le lui a demandé. Il y a fort à parier qu'elle ne se demandera même pas si c'est bien celui qu'elle désire.

Des frontières ayant trop de souplesse peuvent être la source de plus d'une contrariété dans un mariage. Un mari désordonné irritera sa femme à de nombreuses occasions. Par exemple, monsieur avait promis à madame de passer au théâtre pour y acheter des billets. Mais, il a oublié parce qu'en rentrant de travailler, il a rencontré un cireur de souliers trop zélé.

Bref, l'élasticité des frontières nuit à un mariage. Un couple, par exemple, assiste à une réception. Les hommes font la cour à madame et elle accueille leurs attentions avec un peu trop de bienveillance, allant jusqu'à permettre des touchers qui violent les vœux de fidélité qu'elle a, un jour, prononcés. Croirez-vous que la confiance du mari n'en sera pas ébranlée?

Où se termine mon territoire, où commence celui de l'autre?

Des frontières trop perméables conduisent à l'enchevêtrement. Deux personnes enchevêtrées vivent si près l'une de l'autre que leurs frontières deviennent floues et qu'on a du mal à les distinguer. Une mère qui tend à s'identifier aux expériences de sa fille ne peut que l'empêcher de s'individualiser.

Sue avait fait de sa mère sa meilleure amie. Aucune autre copine n'avait une maman qui participait avec autant d'enthousiasme aux activités de sa fille. Leurs tenues vestimentaires se complétaient. Elles écoutaient la même musique, dansaient sur les mêmes rythmes. La mère assistait à tous les matchs sportifs que disputait sa fille. Un jour, cependant, une copine de Sue lui coupa les cheveux en brosse. Ce fut un drame. « Comment oses-tu te promener ainsi? » criait la mère. « Qu'est-ce que les autres vont maintenant penser de moi? »

Personne ne sort gagnant d'une fusion d'identités. L'enfant a de la difficulté à développer son moi, tandis que l'adulte fuit ses responsabilités de parent.

Essayer d'être l'ami de son fils, de sa fille, est le lot de beaucoup d'adultes qui n'ont pas pleinement vécu leur enfance, dont l'enfance s'est limitée à survivre. Tout se passe comme s'ils pouvaient, par procuration, revivre leur enfance et profiter enfin du plaisir dont ils ont jadis été privés. Mais il n'est pas possible de retourner ainsi dans le passé. On ne peut résoudre que par soi-même les manques de l'enfance. Il est impossible de revivre ces manques à travers la vie d'un autre.

Un enfant qui a vécu l'enchevêtrement avec un parent a de bonnes chances de vivre enchevêtré avec son conjoint. C'est notamment le cas des femmes qui adoptent d'emblée les attitudes, les intérêts, les buts de leur conjoint. La façon de voir du mari prime sur la leur qui finit par s'estomper complètement.

Il est facile d'identifier l'enchevêtrement : une femme parle au nom de son mari, elle répond à sa place, elle donne un avis qu'il approuverait. On dirait qu'elle est totalement habitée par le corps et l'esprit de l'autre.

De la confusion à l'harmonie

Pour ceux qui proviennent de familles dysfonctionnelles, le phénomène des frontières humaines est un véritable imbroglio. Par exemple, cet homme qui entretient des frontières très perméables avec ses copains, mais très rigides avec sa famille. Ou encore, cette outre-mangeuse qui manque de retenue devant la nourriture, mais qui pèche par excès de rigueur quand elle bannit le sucre de son alimentation. Bref, il est facile de s'y perdre.

Comment s'y retrouver? Quelle attitude adopter quand on veut se rétablir? Il faut simplement établir des frontières dont les limites s'adaptent, en rigueur ou en souplesse, aux besoins d'une situation donnée. En d'autres termes, il faut des frontières qui tendent à la rigueur envers les étrangers et à la souplesse envers les intimes. Les frontières devraient toujours jouer entre la fermeté, pour préserver l'individualité, et la souplesse, pour laisser filtrer les idées nouvelles. Clairement définies, elles maintiennent l'intégrité de nos valeurs; flexibles, elles permettent de communiquer nos priorités aux gens que l'on estime; adéquatement défendues, elles résistent aux assauts des gens inconscients ou mal intentionnés.

Ce qui préside à l'avènement d'une frontière est capital

« Tout être vivant dans l'univers est un organisme entouré de frontières... », écrit Richard Rhodes* en paraphrasant le métallurgiste d'origine britannique, Cyril Stanley Smith. « Quand vient le temps de définir les hypothèses de base », soutient Rhodes, « je ne connais pas de meilleur théoricien que Smith qui fonde son système sur le principe même de frontières. »

« Smith soutient que les conditions qui président à l'avènement d'une frontière », poursuit Rhodes, « déterminent si l'organisme à l'intérieur se développera ou périra. Ses frontières sont-elles trop rigides, trop imperméables? L'organisme ne parvient pas à respirer, à se nourrir, à éliminer — bref, à communiquer convenablement avec le reste de l'univers. Sont-elles trop poreuses? L'organisme ne peut s'isoler du reste du

* Richard Rhodes, « Beyond the Wall », *Rolling Stone*, 8 mars 1990, p. 92.

monde et n'arrive donc pas à fonctionner normalement — il y perd son identité. Que nous ayons affaire à une amibe, à un être humain, à une étoile ou à une nation, les conditions qui président à l'avènement des frontières sont déterminantes pour sa survie. »

Les frontières rigides, imperméables, créées à Berlin et symbolisées par le Mur de la honte, le Rideau de fer, ont contrôlé et façonné les cultures qui s'y trouvaient. Maintenant que le Mur est tombé, que le Rideau de fer s'est levé, l'Est et l'Ouest tentent de se réconcilier. De toute évidence, l'Ouest influence grandement le processus à l'Est.

Depuis les premiers temps de son histoire, l'Amérique a été une terre d'asile pour des immigrants et des réfugiés venus de partout. Ces gens renonçaient à leurs frontières culturelles dans l'espoir d'une vie meilleure. Beaucoup se sont ralliés au rêve américain, en abjurant volontairement leurs coutumes ancestrales. Ceux qui s'y sont opposés, comme les Américains d'origine africaine et les Amérindiens, ont vu leur culture anéantie par le pouvoir établi. C'est là une perte incommensurable pour l'Amérique.

Des frontières saines protègent sans isoler, retiennent sans emprisonner, préservent l'identité et permettent les échanges avec l'extérieur. Bien fixer ses frontières, c'est vivre en harmonie avec les autres.

Conscientiser l'enchevêtrement

Exercice 6.1

Parmi les phrases suivantes, lesquelles vous semblent relever de l'enchevêtrement?

1. « Joanne, nous aimerions t'inviter avec Roger à dîner au restaurant. Où aimerais-tu aller? »
   — « L'Empereur », répond Joanne sans réfléchir. (L'Empereur est le restaurant préféré de Roger.)
2. « Bonjour Joanne, comment te sens-tu aujourd'hui? »
   — « Roger a un rhume épouvantable. Il n'a pas dormi de la nuit. »
3. « Comment étaient tes vacances? »
   — « Nous nous sommes amusés comme des fous. »
4. « Je vous présente mon autre moitié. »
5. « Lave ton véhicule. Toute cette saleté nuit à ma réputation. »
6. « Nous sommes toujours ensemble. Il ne supporte pas que je sois un instant éloignée de lui. »
7. « J'ai faim. »
   — « Mais non, tu n'as pas faim. »
8. « Ne porte pas ces vêtements. Ça m'embarrasse en public. »
9. « Je déteste les huîtres. »
   — « Mais si, tu les aimes. »
10. « Nous sommes en accord sur tout. »

(On trouvera les réponses à la fin du chapitre.)

Savoir discerner un problème de frontières

Exercice 6.2

Parmi les phrases numérotées de un à dix, préciser celles qui font état d'un problème de frontières. S'inspirer des expressions qualifiant les frontières énumérées ci-dessous.

R : trop de rigidité
S : trop de souplesse
P : trop de perméabilité
X : trop de proximité
D : trop de distance
E : enchevêtrement

1. « Qu'est-ce que tu veux faire ce week-end? »
— « Tout ce que tu voudras. »
2. « Je suis fâchée contre toi. »
— « Mais non, c'est pas vrai. »
3. « Le travail de mon mari est tellement plus important que le mien. »
4. « Elle s'occupe des enfants. Moi, je gagne l'argent. »
5. « Tommy est tout le portrait de son père. »
6. « Je suis triste. »
— « Attends, je vais te montrer ce qu'est vraiment la tristesse. »
7. « Il ne faut jamais que tu cries après ta sœur. »
8. « N'adresse jamais la parole à ton père quand il lit le journal. »

9. « Comme c'est charmant! Les jumeaux s'habillent encore de la même manière. »

10. « Je suis vétérinaire, et mes enfants seront vétérinaires. »

Se cogner la tête contre un mur

Exercice 6.3

Matériel : De la ficelle (7 à 10 m) pour chaque participant. Un chronomètre, un filet, un morceau de tissu léger ou de voile par paire de participants. Avec un copain, avec un ami en recouvrance, ou un participant à une thérapie de groupe, expérimentez les divers types de frontières suivantes.

Frontières rigides

Regroupez-vous par couple. Chaque personne dispose sa ficelle sur le plancher en lui donnant la forme d'un carré. Les carrés ne doivent pas se toucher. On se place par la suite dans son carré pour y échanger sur un des sujets proposés ci-dessous, pendant cinq minutes. L'un des partenaires ne doit exprimer que des émotions; l'autre, des faits ou une opinion. Après l'exercice, discutez sur ce que vous avez respectivement ressenti, et comment cela vous a rappelé des souvenirs familiaux.

Sujets proposés

- L'avortement;

  Voici un exemple d'échange :
  Opinion : « Je pense qu'une femme devrait avoir le contrôle sur son propre corps. »
  Émotion : « J'ai pleuré quand ma fille s'est fait avorter. »
- Le système pénal actuel (par exemple, le droit des criminels versus le droit des victimes);
- Le dernier scandale qui a secoué le gouvernement;
- Le contrôle des armes à feu (par exemple, les permis temporaires préalables versus la vente libre);
- Les droits des animaux (par exemple, les animaux de laboratoire).

Frontières souples

1. Chaque partenaire dispose ensuite sa ficelle sur le plancher en lui donnant la forme d'un cercle dont la courbe est toute en sinuosités. Faites en sorte que les cercles se chevauchent un peu.
2. Chaque partenaire se place à l'intérieur de son cercle. Discutez de nouveau des sujets mentionnés ci-dessus, mais cette fois-ci, soyez toujours d'accord avec ce que l'autre affirme.

Enchevêtrement

1. Redisposez les cercles pour qu'ils se chevauchent considérablement. Chaque partenaire prend place ensuite à l'intérieur de son cercle. Abordez la question du caractère unique de votre personnalité.

2. Redisposez à nouveau les cercles pour qu'ils se superposent parfaitement. Chaque partenaire se place à l'intérieur des cercles. Abordez la question de ce qui vous distingue des autres.
3. Au bout de dix minutes, séparez les cercles de sorte que la distance entre vous soit plus confortable. Discutez maintenant de ces expériences de proximité et d'éloignement. Vous ont-elles rappelé des souvenirs familiaux?

Réponses

Toutes les phrases de l'exercice 6.1 révèlent des situations d'enchevêtrement.

Exercice 6.2 : 1. S; 2. E ou R; 3. P ou S; 4. R; 5. E; 6. R, X ou D; 7. R ou D; 8. R ou X; 9. E; 10. R et E.

◆ 7 ◆

Les violations de frontières

Se remettre sur pied

Le viol d'une frontière est une chose grave. La victime mettra du temps à se remettre de la violence, du choc émotionnel qu'on lui a infligé. En fait, ni bourreau ni victime n'en sortiront indemnes.

Il y a viol d'une frontière quand une personne outrepasse, volontairement ou non, la limite émotionnelle, physiologique, spirituelle ou sexuelle d'une autre. Une frontière est violée délibérément ou accidentellement. L'agresseur agit par malveillance, par inconscience ou même, parfois, par pure bonté d'âme.

Ignorance ou malice, peu importe l'intention, un viol est un viol. La blessure, elle, est bien réelle. J'ai pourtant entendu un nombre incalculable de clients qui protestaient de l'innocence de leur agresseur avec des phrases comme « Mais il a agi sans mauvaise intention. »; « En fait, il était incapable de se contrôler. »; « Dans son ignorance, il ne pouvait faire autrement. »; « C'est de cette façon qu'on l'a élevé. »

Les raisons pour lesquelles on défend ainsi ses parents ou son partenaire mériteront d'être explorées un jour. En attendant, la réalité d'une violation de frontières ne doit pas être ignorée. Que les paroles ou les gestes aient ou non été délibérés, les conséquences, surtout pour les enfants, se répercutent loin dans le futur. Pour que l'on puisse un jour remettre de l'ordre dans le chaos qu'il a engendré, pour entreprendre la reconstruction de frontières dévastées, il faut d'abord que le viol de frontière soit identifié et que l'agresseur soit nommé; avec un peu d'aide, la victime pourra reprendre contact avec ses sentiments et réapprendre à les exprimer.

Toute relation a ses limites

Une frontière prévient une personne que le comportement d'une autre est inapproprié dans le cadre que prescrit leur relation. Et toute relation, si intime soit-elle, comporte nécessairement ses propres limites. Quand une personne prend des libertés par rapport aux normes que définit une relation, il y a risque qu'une frontière soit violée.

L'intégrité d'une frontière peut être restaurée immédiatement après la violation. La victime fait part de son malaise à l'agresseur qui s'excuse immédiatement de son indélicatesse ou qui, à tout le moins, se sent préoccupé par ce qu'il a fait. Remarquez les deux étapes du processus : la victime exprime l'offense et l'offenseur signifie son intention de respecter la limite.

Un enfant, bien sûr, ne sera conscient de ses limites que si son éducation lui a appris à les identifier et à les exprimer. Un parent a donc la responsabilité de ne pas violer les frontières de ses enfants même s'il est en situation de pouvoir.

Un médecin n'est pas votre égal

Oui, certains rôles confèrent un pouvoir. Citons notamment ceux de parent, d'éducateur, de cadre, de contremaître, de propriétaire d'entreprise, de professeur, de directeur, d'entraîneur sportif, de moniteur de camp de vacances, de chef scout, de propriétaire d'immeuble, de lieutenant, de général d'armée, de thérapeute, de ministre du culte, de rabbin, de chef spirituel, de conseiller, de psychiatre, de médecin, d'avocat et de policier.

On dit d'un cadre, d'un patron, d'un propriétaire d'entreprise, d'un officier militaire, d'un professeur ou d'un entraîneur sportif qu'il a du pouvoir parce que les décisions qu'il rend peuvent affecter la sécurité financière de ses subordonnés. Le gagne-pain de ces derniers repose entre ses mains.

D'autre part, le pouvoir d'un parent, d'un membre du clergé, d'un rabbin, d'un médecin, d'un avocat, d'un thérapeute, d'un professeur ou d'un chef scout repose sur la confiance que l'on place en eux. Leur mission est de protéger, de défendre et d'éduquer ceux dont ils ont la garde. La société reconnaît leur autorité et leur compétence dans leur domaine.

Si, techniquement, nous ne sommes pas leurs subordonnés, nous faisons alors confiance en leur autorité sur certains aspects plus cruciaux de notre vie. Et cette autorité leur permet de nous approuver ou de nous invalider. Les compétences que nous reconnaissons à ces spécialistes ainsi que la confiance que nous leur accordons comportent donc une responsabilité particulière. Un code d'éthique vient en quelque sorte valider cette responsabilité.

Ainsi, un parent a le pouvoir d'endiguer ou de favoriser le développement de son enfant. Un thérapeute est le dépositaire des secrets les plus intimes de ses clients. Un ministre du culte est investi d'un pouvoir sanctionné par la plus grande puissance de l'univers. Que l'une de ces personnes abuse de son pouvoir et un être est dévasté.

C'est donc une très grave violation que d'outrepasser la frontière sexuelle d'une personne dont quelqu'un s'est vu confier la garde. Le client qui se confie à un psychologue, le malade qui visite son docteur, le disciple qui consulte un gourou, l'enfant soumis à ses parents sont tous vulnérables à l'abus de l'autorité d'une autre personne. Un acte sexuel perpétré par un « protecteur » engendre énormément de confusion, même pour des personnes très solides et saines. Profiter de leur vulnérabilité, abuser de leur confiance peut ruiner leur vie.

Un enfant abusé sexuellement par un parent en ressentira les séquelles pendant des décennies. La confiance est trahie, des liens sont brisés, la sexualité de l'enfant s'en trouve bouleversée. Il endossera probablement la responsabilité de l'acte. Quand un thérapeute, un généraliste, un avocat, un ministre du culte, se livre à des activités sexuelles avec un client ou un disciple, nous avons aussi affaire à une relation incestueuse. La confiance est bafouée. Le lien qui les unissait a été corrompu parce que la personne qui cherchait de l'aide a en fait servi à assouvir les besoins du spécialiste chargé de la dispenser.

Un autre type de viol de frontière, beaucoup plus subtil, survient lorsqu'un protecteur, un conseiller, un tuteur, engage avec un client des rapports qu'il réserve normalement à ses égaux. Votre docteur ou votre thérapeute n'est pas votre égal. Si vous vous confiez à une personne et que cette personne ne se confie pas à vous, elle n'est pas votre égale.

Comment dire qu'une personne n'est pas votre égale? Quand elle en sait plus sur vous que vous en savez sur elle.

« Il est trop jeune pour se rappeler ce que je lui ai fait. »

La violation la plus grave que peut commettre un parent ou un tuteur est une violation de la frontière sexuelle d'un enfant. Pourquoi? Parce que l'enfant portera les marques de ce geste pour le reste de ses jours. Et ces marques, comme une menace, lui empoisonneront quotidiennement la vie.

L'enfant qui a vécu dans une famille où l'on tolérait l'abus se fera victime ou prédateur. On se demande peut-être pourquoi j'utilise le mot « tolérait »? On a vu des mères subtilement glisser leur fille dans le lit de leur père dans l'espoir qu'il reste fidèle à la famille. Bien sûr, il s'agit là de cas extrêmes. L'inceste survient également quand l'un des parents ferme les yeux, quand il est trop souvent ailleurs, quand il entretient un climat au sein duquel un enfant ne se sent pas suffisamment en sécurité pour exprimer ses émotions.

Une famille tolère l'abus pour des raisons malsaines, obscures. Les enfants sont souvent sacrifiés pour satisfaire la sécurité, la sexualité ou les besoins émotionnels des parents.

Donna disait (au chapitre 2) que son père avait commencé à l'agresser sexuellement à l'âge de quatre ans. Donna est maintenant une jolie femme intelligente et chaleureuse. Elle a raconté comment elle a renoncé à elle-même pour se dévouer corps et âme à sa famille. Les abus dont elle a été la victime l'ont empêché de développer ses frontières.

La plupart de mes clients qui ont été sexuellement agressés au cours de leur enfance n'ont pratiquement aucune conscience de leurs frontières. Il semble qu'une agression sexuelle annihile également les frontières émotionnelles, spirituelles et relationnelles. Il n'est pas nécessaire qu'une pénétration ait eu lieu. Il ne s'agit parfois que d'un incident isolé : le regard ambigu d'un adulte, un toucher indésirable. Mais ces gestes peuvent causer d'immenses dégâts.

L'expression « agression sexuelle mineure » me met en rogne. Toute agression sexuelle est lourde de conséquences. À ceux qui disent « Il est trop jeune pour se rappeler ce que je lui ai fait », je réponds : l'esprit est peut-être confus, mais le corps a une mémoire qui lui est propre et il n'oublie rien! Pas besoin qu'un enfant sache parler pour se rappeler. Peu importe l'âge de l'individu, tout incident laisse des marques indélébiles à l'âme. À moins qu'un thérapeute perspicace ne parvienne à déceler ces marques, à moins qu'il arrive à en atténuer la portée, elles hanteront éternellement l'âme de la victime.

Qu'on se le dise! Le viol d'une frontière sexuelle a des conséquences dont l'étendue, la gravité et la portée sont incommensurables. Pareilles violations nuisent au développement des frontières qui délimitent la personnalité.

L'esprit d'un enfant capte tous les messages qui circulent dans son entourage

Qu'est-ce que le viol d'une frontière sexuelle? Il y a viol quand une personne satisfait ses besoins sexuels (par un regard, une parole ou un toucher) en utilisant une autre personne (adulte ou enfant) sans obtenir préalablement son consentement, ou lorsque l'attitude et le comportement sont inappropriés à l'âge de la victime.

L'esprit des enfants fonctionne parfois comme un petit radar : il capte littéralement toutes les ondes qu'émet leur entourage. Observateurs chevronnés, ils sont particulièrement habiles à deviner les subtilités ou le sens caché que recèlent une parole, un geste, un regard. Chacun de leurs jeunes sens interprètent subtilement les données d'une situation. Et leurs déductions sont parfois dévastatrices.

Un père qui regarde avec complaisance le corps de sa fille qui se développe à l'adolescence lui communique imperceptiblement son désir. Elle devinera ce désir et, partant, vivra dans l'intimité de son foyer une certaine forme d'insécurité. Même si le père ne pose jamais la main sur sa fille, elle n'en sentira pas moins que sa sécurité a été violée.

Une mère qui joue, par curiosité, avec le sexe de son enfant (garçon ou fille) commet un abus de confiance. Un enfant est capable de faire la différence entre un toucher hygiénique et un toucher à caractère sexuel.

Imaginez que c'est Noël. Au bureau, on vous fait l'accolade. Certains vous serrent dans leurs bras et vous sentez la sincérité de leur affection. Avec d'autres, vous n'éprouvez que du dégoût. Qu'est-ce qui vous permet de faire la différence? Rien. Vous le sentez, tout simplement. Les enfants aussi ont la capacité de deviner l'intention de l'autre.

L'abus nuit au développement d'une frontière

Les conséquences d'une agression sexuelle perturbent considérablement le développement d'un enfant. Des exemples? Un jeune enfant grandit en croyant que son rôle consiste à s'oublier pour les autres. Il en vient à perdre toute conscience de lui-même. Il croit qu'il est interdit d'arrêter les gestes d'autrui. Il a la conviction que ses limites ne seront jamais respectées. Il confond affection et sexualité. Il a recours à la sexualité pour assouvir son besoin d'affection. Il entretient la conviction que l'affection aboutit nécessairement à la sexualité. Il développe des frontières tellement rigides que personne ne peut plus entrer dans sa vie. Il mange sans arrêt en croyant que son excédent de poids est sa meilleure protection contre autrui. Il vit dans la peur et ne jouit d'aucune sécurité intérieure. On pourrait continuer à l'infini.

Il est possible de guérir cet enfant. Mais il faut du temps et beaucoup, beaucoup d'efforts.

Un contact qui agresse diminue la personne

L'agresseur est généralement une personne en situation de pouvoir. Ce peut être des frères ou sœurs plus âgés, des voisins ou voisines, des oncles, des tantes. Les parents ont la responsabilité de voir à ce que l'enfant fréquente des personnes sûres. Il leur incombe en outre de créer un climat familial de confiance pour qu'un enfant, victime d'abus, sente qu'il peut librement aborder ce sujet en leur présence.

On dit qu'il y a violation de confiance quand un médecin, un thérapeute, un pasteur ou un avocat se livre à des activités sexuelles avec un client ou un patient. Un commentaire, un toucher, un regard de nature sexuelle exploite honteusement une personne dans le besoin. Le client qui consulte un médecin ou un avocat est, en quelque sorte, à la recherche de support et d'aide. Sa position est donc beaucoup plus vulnérable que la personne qui gare sa voiture pour aller faire des courses.

Si un patron vous tâtonne, il viole votre frontière sexuelle et c'est humiliant. Si un ami, qui vous inspire depuis des années de la confiance et du respect, vous prend dans ses bras, c'est réconfortant. En fin de compte, vous seul êtes en mesure de faire la différence.

Personne n'a le droit de disposer de votre corps

Un contact qui agresse diminue la personne. Un contact qui réconforte l'enrichit.

Au rang des abus de pouvoir figurent également les violations physiologiques et émotionnelles d'un subordonné. Corriger un enfant est une chose. Lui donner une raclée (violer l'intégrité de ses frontières physiologiques) en est une autre. Quand un patron abuse verbalement d'une technicienne, il viole l'une des frontières émotionnelles de son employée.

Toute forme de toucher qui blesse, qui choque, qui offense une personne constitue une violation des frontières physiologiques. Un cadre qui pince le bras de sa secrétaire, un professeur qui tord l'oreille d'un étudiant, un entraîneur sportif qui frappe le visage d'un joueur sont autant d'exemples de violation de frontières. Peu importe la position hiérarchique d'un individu, il n'a aucunement le droit de disposer à sa guise du corps d'un autre. Nous avons tous et toutes le droit d'arrêter le geste agressant d'un autre ou de lui interdire carrément de nous toucher.

Une frontière émotionnelle est violée lorsqu'une personne en position d'autorité s'arroge, en tout temps et en toutes circonstances, le pouvoir de dire tout haut ce qu'elle pense. Votre supérieur hiérarchique n'a pas le droit de formuler des remarques sur votre corps à moins que votre forme physique ne soit directement reliée aux tâches que vous devez accomplir. Tout commentaire de nature sexuelle est, je l'ai déjà dit, déplacé, comme le sont ceux que l'on passe sur la morphologie du corps (le poids, la taille, l'âge) ou les traits du visage. « C'est une jolie petite chose » peut sembler anodin. Mais qu'un superviseur pense qu'il peut librement formuler ce genre de commentaire devant d'autres employés a quelque chose de malvenu.

Exprimer une colère par des propos concis, sensés, raisonnables, est une chose. Engueuler un subordonné d'une façon agressante en est une autre. Le sarcasme viole une frontière émotionnelle, comme toute remarque qui déprécie, insulte, dénigre. Quand une personne s'autorise à dire des paroles cinglantes, sans le moindre respect pour la personne à qui elle s'adresse, elle s'investit d'un pouvoir qu'elle n'a pas. Voici quelques exemples d'abus de pouvoir :

- On n'en finit plus de vous accabler de reproches.
- « Tiens, tu as encore pris du poids. »
- « Ma fille, pour ce qui est de tenir maison, tu devrais prendre des leçons de ta sœur. »
- « Julien, tu es une petite ordure. »
- « Apportez-moi cette liste, sinon vous êtes congédié. »
- « Vous avez oublié votre crayon? Comment peut-on être aussi étourdi, stupide. »

Un thérapeute n'est pas un copain

Chaque rôle que l'on endosse porte en lui-même ses propres limites. Les décisions qu'un homme prend à titre de dirigeant d'entreprise sont nécessairement différentes de celles qu'il prend dans son rôle de père. L'une des violations les plus répandues consiste à ignorer ou à méconnaître les limitations d'un rôle.

Un thérapeute n'est pas un copain. Je sais qu'il existe actuellement une école de pensée qui autorise l'amitié, voire l'amour, avec un client. J'ai personnellement eu à souffrir de cette philosophie. Je suis donc bien placée pour affirmer que la confusion des rôles entraîne presque inévitablement la confusion des frontières.

La distance qui sépare un client de son thérapeute est la meilleure garantie de sa sécurité. Le client minimise les risques de mésentente si son thérapeute n'entretient, vis-à-vis de lui, aucune attente. Les amis, par contre, prennent et donnent librement. Mais si l'amitié comporte ses obligations, le client n'a, envers son thérapeute, qu'une seule obligation et elle est d'ordre monétaire. Une séance thérapeutique vise strictement à la croissance émotionnelle d'un client, et c'est pourquoi la relation doit être exclusivement centrée sur cette personne. Dans l'amitié, au contraire, l'intérêt se déplace constamment d'une personne à l'autre.

Un client et son thérapeute qui partagent certaines activités sociales brouillent la zone de démarcation de leurs frontières. Jadis, je répondais aux invitations de mariage de mes clients. Je ne le fais plus aujourd'hui. Aucun lien de parenté ou d'amitié ne me lie à ces personnes. En entrant dans la vie privée de mes clients, je risque d'occulter le rôle spécial, unique, que je suis appelée à jouer dans leur existence, un rôle qui précisément comporte ses limites. Il faut une totale confiance pour libérer ses pulsions inconscientes et c'est pourquoi les relations thérapeutiques doivent être rigoureusement encadrées. C'est seulement ainsi que je suis en mesure de réduire au minimum l'anxiété interpersonnelle qui se développe inévitablement quand une personne se confie à un étranger, et de maximiser le cheminement intrapersonnel de mon client pour qu'il entre en contact avec ses émotions.

Un patron n'est pas un père

Quand un patron fait preuve d'une attitude toute paternelle, cela ne signifie pas nécessairement que vous figurez en tête de ses priorités. Un superviseur qui vous invite à passer aux confidences, qui vous traite comme un égal ou qui compte sur vous pour le supporter moralement viole une frontière.

Votre superviseur ne peut jouer au thérapeute, malgré toute la sympathie qu'il éprouve pour vous. Son travail prime sur tout. Soyez assuré qu'il n'hésitera pas à sacrifier votre position pour conserver la sienne.

Votre superviseur n'est pas votre pair. Il a le pouvoir de recommander votre renvoi. Vous ne pouvez tout simplement pas être les meilleurs amis du monde.

Vous ne pouvez pas non plus servir de thérapeute à un supérieur. Sa tâche est d'encadrer votre travail, lequel ne consiste certainement pas à rechercher des solutions aux problèmes qu'il éprouve. Prêtez-vous à ce jeu et votre situation sera sous peu ambiguë : vous aurez constamment à choisir entre l'amitié du patron et la loyauté que vous vouez à l'entreprise qui vous fait vivre.

Un bon superviseur est comme un bon parent. Il ouvre la voie à une saine communication et sait prendre des risques sans compromettre la sécurité de ceux qui lui sont confiés. Il répond adéquatement aux besoins exprimés et reste conscient des limites des rôles de chacun. Il épaule ses subordonnés et permet à chacun de livrer le meilleur de lui-même.

Un rôle définit ses limites. Les respecter garantit l'ordre dans une relation. Les négliger engendre la confusion, l'anarchie.

« Ton père est nul au lit. »

La triangulation représente une catégorie toute spéciale de violation d'une frontière émotionnelle. Il y a triangulation dans une relation quand l'un des partenaires dévoile des renseignements confidentiels à un tiers.

La triangulation la plus commune montre un parent qui pousse l'indiscrétion jusqu'à révéler à son enfant les secrets de sa vie de couple. Une mère, par exemple, avoue à son enfant : « Ton père est nul au lit. » Si l'enfant a moins de trente ans, il aurait mieux valu que la mère retienne sa langue. S'il a plus de trente ans, la remarque est, à tout le moins, inconvenante. Les parents devraient éviter d'entraîner leurs enfants sur le champ de bataille de leurs frustrations sexuelles.

« Dis à ta mère qu'elle touchera son chèque quand je serai d'humeur à lui donner », affirme le père de la petite Sylvie. Pareil message est fortement chargé d'émotion. Il devrait être directement adressé à la mère, non à l'enfant. Nous savons tous que c'est le message qui nous attaque, et non le messager. Il n'y a pas de doute que la mère dirigera sa colère sur sa fille, qui n'aura d'autre choix que de baisser la tête.

Révéler un secret que vous a confié un ami viole sa confiance. Discuter avec un tiers des difficultés que vous éprouvez avec un ami lèse les trois relations : celle qui vous lie avec l'ami dont vous parlez, celle qui vous lie avec la personne avec qui vous discutez et, finalement, celle qui unit l'ami absent à la personne avec qui vous discutez. (Croyez-vous que vos amis continueront de vous faire confiance quand ils découvriront que la discrétion n'est pas votre lot?) En fait, si quelque chose ne va pas entre vous et David, c'est inutile d'en parler avec Daniel. Pour trouver une solution, adressez-vous directement à David.

La triangulation se remarque également entre adultes d'une même famille. Par exemple :

La mère déclare : « Sais-tu ce que ta sœur m'a confié l'autre jour? »

Et le fils lui répond : « Non, et ne m'en dis rien. Je ne veux pas savoir ce qui se passe entre vous. »

Ma sœur me confie : « J'ai horreur des vêtements que porte maman. »

Et moi je remarque : « Dis-le-lui. Ça ne sert à rien de m'en parler. »

Mais elle ajoute : « J'ai toujours pensé que tu ferais ça mieux que moi. Les mots te viennent tellement facilement. »

Et je lui rétorque : « Désolée, ma chère, ça ne prend pas avec moi. Je ne lui dirai rien. Ce n'est pas mon problème. »

Deux amies discutent.

Carole laisse tomber : « Attends que je te raconte ce que Tina m'a confié l'autre jour. »

Hélène l'interrompt : « Ne dis rien. Tina est mon amie. Je ne parle pas de mes amies dans leur dos. »

Que faire quand une violation de frontières survient parce qu'une personne vit un problème de dépendance aux drogues ou parce qu'elle se livre à des comportements compulsifs ? Comment réagir quand on a de bonnes raisons de croire qu'une copine a recommencé à boire ou qu'elle s'est remise à travailler comme une acharnée ? Si vous faites partie d'un programme qui préconise les Douze Étapes (comme Outremangeurs Anonymes, Alcooliques Anonymes), téléphonez à votre parrain, votre marraine. Vous pouvez aussi en discuter avec un autre membre qui ne connaît pas votre copine et dont vous tairez le nom. Discutez-en avec votre thérapeute. Assistez à une rencontre Al-Anon ou Codépendants Affectifs Anonymes. Les gens qui sont en recouvrance peuvent vous aider à y voir clair et vous suggérer un plan d'action.

La parole assassine

Le commérage, ou la parole assassine, est une forme de triangulation. Malgré toutes les précautions que vous avez prises pour rester impersonnel, un tiers finit par lire entre les lignes et devine que les difficultés que vous éprouvez touchent votre relation. À ceux qui se défendent en prétextant que les renseignements qu'ils ont dévoilés étaient plutôt inoffensifs, je dis : « Pourquoi alors en avoir parlé? » Peut-être, au fond, éprouvez-vous de la jalousie ou de la colère envers la personne qui est le sujet de votre indiscrétion? En fait, on en apprend beaucoup plus sur soi-même quand on tente de découvrir ses motivations profondes et ainsi régler ses problèmes directement.

Y a-t-il des cas où la triangulation comporte des avantages? Je ne le crois pas. Je crois cependant que l'on peut, exceptionnellement, discuter de quelqu'un avec un tiers. Il pourrait s'agir d'une personne qui, au travail, vous donne l'impression de se conduire de manière inhabituelle et vous souhaitez vérifier la véracité de cette impression avec un collègue qui connaît la personne en question.

Les motifs qui vous animent sont ici capitaux. Si vous voulez du mal à la personne qui vous dérange, examinez bien votre conscience. Si vous éprouvez le besoin de clarifier le sentiment d'insécurité qui vous habite, si vous désirez vous protéger de cette personne, si, au fond, vous voulez sincèrement lui venir en aide, discuter de son cas avec un tiers est peut-être la seule chose qui soit indiquée.

Le droit constitutionnel de parler de son patron

Si j'avais à parier sur le groupe de personnes qui est le plus sujet aux commérages, je dirais les patrons. Les employés ne se gênent généralement pas beaucoup quand vient le temps de discuter des bons et des mauvais coups du patron, comme si c'était un droit constitutionnel. En fait, ça l'est peut-être.

S'il sait faire preuve de tolérance, d'honnêteté, de disponibilité, s'il a clairement fixé ses frontières envers ses subordonnés, un patron se tiendra à l'abri des commérages. Après tout, si un employé peut confier un problème à son supérieur, pourquoi aurait-il besoin d'en discuter avec un collègue de travail?

Si vous occupez un poste cadre, voici quelques règles à suivre qui feront de vous la tête de Turc de tout le bureau.

Adoptez des méthodes totalitaires. Faites grand cas de votre pouvoir, abusez-en et vous verrez que l'on causera ferme. Les employés, qui auront peur de révéler le fond de leur pensée, se regrouperont pour se remonter le moral, pour se sentir plus en sécurité.

Transformez vos subordonnés en confidents et vous ne tarderez pas à connaître « l'effet boomerang ». Désireux de se soulager du fardeau de vos confessions, l'un d'entre eux s'empressera de les révéler à un autre qui fera courir la rumeur. Et vos secrets intimes alimenteront bientôt les ragots.

Si vous tombez sur un employé qui sait tenir sa langue, il est possible qu'il vous tienne rigueur du poids que vous lui imposez. Son ressentiment ne manquera sûrement pas d'affecter son rendement. N'oubliez pas qu'il dispose, par le biais de vos confidences, d'un pouvoir plus grand que celui que lui confère sa position. Il pourrait être tenté de l'utiliser pour obtenir une promotion. Il pourrait éprouver de la colère dans des situations qui nécessitent en fait son attention. Il pourrait même aller jusqu'à saboter son travail pour se libérer du poids des responsabilités qu'il doit supporter.

Un cadre ne devrait se confier qu'à un cadre qui jouit d'une position hiérarchique de même niveau que la sienne. On objectera : que doit-on faire quand on est le seul cadre de l'entreprise? Se tourner vers des subordonnés, ou plutôt dans une autre direction? Je suggère de consulter un thérapeute, une personne en recouvrance, un parrain, une marraine, un ami sûr ou un cadre travaillant dans une autre entreprise.

Toute personne qui a le moindre problème de comportement, qui dépend d'une substance pour fonctionner, qui agit de manière compulsive, dérange considérablement le fonctionnement d'une entreprise. Une personne cadre aux prises avec de tels problèmes désorganisera tous ses employés qui n'auront d'autre solution que de se serrer les coudes pour protéger leur travail. Nous avons là l'exemple parfait d'un poste décisionnel d'où émanent des directives allant presque toujours à l'encontre de la productivité. L'entreprise risque alors de reproduire tous les rôles et la folie qui caractérisent une famille dysfonctionnelle.

La triangulation comme mécanisme de défense

Les commérages sont donc inversement proportionnels à la qualité du travail des cadres. Quand un cadre fait preuve de faiblesse de caractère, quand il favorise l'abus, quand il s'arroge les idées d'un autre ou quand il s'attribue tout le mérite de ses employés, on peut être assuré qu'il se place d'emblée au cœur des préoccupations de toutes et de tous. Au bout du compte, c'est l'entreprise qui en paie la facture. Les yeux de tout un chacun seront rivés sur lui plutôt que sur le travail.

Quand un cadre profite de sa situation de pouvoir pour violer les frontières sexuelles de ses subordonnées, il sera vite honni par toutes les femmes de l'entreprise qui finiront par lui tomber dessus. Bientôt, plus personne ne le respectera.

Ces deux exemples montrent comment la triangulation peut devenir un mécanisme de défense : elle vient en fait contrebalancer l'abus de pouvoir et dénoncer le mal perpétré.

La triangulation comme mécanisme de défense est caractéristique d'une famille où il y a abus de pouvoir. Un parent abusif se compare à un patron déficient : il refuse d'entendre les protestations de ses enfants et ne leur laisse d'autre choix que d'en parler entre eux ou à une personne extérieure à la famille. Parents et enfants sont ici perdants. Le parent rate l'opportunité de se rapprocher de ses enfants. Devenus grands, les enfants devront faire le deuil d'un problème dont ils auront en vain cherché la solution.

Une chose est claire : les conséquences d'une triangulation sont difficilement prévisibles. Mais il reste qu'une triangulation atrophie la relation. On la perpétue quand on abuse de son pouvoir ou quand on refuse d'être à l'écoute des autres.

S'il n'a pas changé, il vous fera sûrement encore souffrir

Comment déterminer si une personne est désormais en mesure de discuter ouvertement avec vous des problèmes qui vous concernent? Eh bien, répondez à ces questions. Est-ce quelqu'un de sûr? Est-ce qu'il a, par le passé, abusé de renseignements confidentiels? S'il s'est livré à des excès de consommation, est-il allé en thérapie ou a-t-il suivi un programme de recouvrance assez longtemps pour vous persuader qu'il peut désormais vous écouter avec respect? Si ce n'est pas le cas, qu'est-ce qui vous fait penser qu'il n'est plus la même personne qu'avant? S'il consomme toujours de l'alcool ou s'il refuse d'admettre qu'il agit envers vous avec inconscience, ne vous laissez aller à aucune confidence, vous finiriez par le regretter.

Nous voulons toutes et tous passionnément améliorer nos relations avec nos pères et mères. Si votre père, cependant, n'a pas évolué depuis votre enfance, il finira sans doute par vous faire de nouveau souffrir. S'il s'entête, par exemple, à répéter qu'il ne peut être plus intime qu'il ne l'est avec vous, aucun des efforts que vous ferez pour le convaincre du contraire n'aboutira. On a beau aimer éperdument une personne, on ne peut forcer le choix de ses limites.

Il y a, dans ma famille, une personne que j'aime beaucoup. Cent fois, je lui ai réitéré mon désir de nous rapprocher. Cent fois, j'ai vécu son rejet. Je me suis finalement résignée. Tous mes efforts n'ont abouti à rien. Elle a le droit de protéger ses limites, mais j'ai le devoir de ne plus m'infliger de souffrance. Je n'ai plus à me cogner la tête sur le mur de ses frontières.

Il y a cependant des personnes qui finissent par changer d'attitude. Dans ce cas, il vaut peut-être la peine de vous ouvrir à nouveau à cette personne. Allez-y doucement en risquant une confidence anodine. Si tout se passe comme vous le souhaitez, allez-y d'une autre confidence plus personnelle. Arrêtez au moindre revers. C'est une indication que vous avez atteint les limites de cette personne. Si vous vous entêtez, les conséquences pourraient être désastreuses pour vous.

Quelle attitude convient le mieux à une situation donnée?

Comment peut-on en arriver à déterminer par soi-même l'attitude qui convient le mieux à une situation donnée?

Répondez à ces questions. Quelle est votre situation, votre rôle, dans cette relation? Est-ce que cette personne est votre supérieur, votre subordonné, votre égal? Êtes-vous la personne qui détient le pouvoir ou celle qui doit se conformer? Est-ce que votre rôle consiste à donner des conseils ou à en recevoir?

Si vous êtes celui ou celle qui demande conseil (parental ou autre), si vous avez besoin d'encadrement, vous ne pouvez traiter votre interlocuteur en égal. Si ce dernier est votre père, un pasteur, un thérapeute ou un supérieur, vous n'avez pas à endosser le rôle de parent ou de conseiller pour lui plaire.

De même, si vous êtes celui ou celle qui écoute, qui prête l'oreille à un enfant, un client, un subordonné, vous ne pouvez traiter votre interlocuteur comme un pair. Cette personne ne devrait pas se sentir obligée de vous dispenser des conseils. Vous ne devriez jamais lui faire part de renseignements personnels qui risqueraient de nuire à votre relation.

Si, dans une relation, votre statut vous permet d'avoir les coudées franches, vous pouvez traiter votre interlocuteur en égal. L'entraide, les confidences sont possibles parce que vous êtes libre, dans le plein sens du terme, d'échanger avec lui, réciproquement.

Il n'est pas normal de traiter comme un pair une personne qui est votre subordonné ou votre supérieur. Une frontière n'est pas respectée. Discutez-en avec une personne que vous traitez en égal, avec un thérapeute ou avec quelqu'un qui s'y connaît en matière de frontières.

Il n'est pas normal que vous vous placiez dans une position d'infériorité ou de supériorité vis-à-vis d'un égal. Une épouse n'est pas une subordonnée. Un mari n'est pas un patron. Les partenaires d'une relation de couple sont égaux. Si tel n'est pas le cas, la relation a perdu son équilibre et les sujets devraient chercher de l'aide.

Certaines distinctions ne sont pourtant pas faciles à établir. Quelle attitude adopter quand, par exemple, on occupe une fonction dont une partie des responsabilités consiste précisément à seconder un supérieur? (Admettons, pour fin de démonstration, que l'on soit l'adjointe d'un médecin ou d'un président.) À mon avis, on doit accomplir les seules tâches qui influencent directement l'efficacité de son travail, comme voir au bon fonctionnement des équipements, faire des téléphones d'affaires ou voir aux approvisionnements.

S'occuper du lunch ou préparer le café est une question délicate. Si l'horaire de votre patron est tellement chargé qu'il ne peut sortir pour dîner, vous le secondez dans ses tâches en lui commandant un sandwich et un café. S'il en a la possibilité, mais qu'il néglige de le faire, vous ne lui rendez pas service et ne le secondez nullement dans son travail en pourvoyant à ses besoins à sa place.

Parmi les tâches qui ne relèvent définitivement pas de votre compétence, citons : commander des fleurs pour la conjointe du patron, effectuer les réservations pour un dîner d'anniversaire, passer prendre ses vêtements chez le nettoyeur ou courir à la librairie pour lui acheter le dernier roman de son auteur préféré.

Il suffit en fait de déterminer si la tâche à accomplir relève du travail ou de la vie privée. Il convient, bien sûr, de n'accomplir que celles relevant du travail.

Dois-je partir? Dois-je rester?

Il est beaucoup plus facile de restaurer une violation de frontières quand les deux personnes impliquées dans la relation se montrent désireuses de corriger la situation. Quelquefois cependant, vous seul serez conscient du problème. Si votre conjoint en est inconscient, consultez un thérapeute. Votre conjoint est votre égal.

Le simple fait de lui servir de conseiller, de faire son éducation concernant les frontières, viole une frontière. L'intervention d'une tierce personne vous éclairera et vous permettra de respecter les frontières de vos relations.

S'il s'agit de l'inconscience d'un supérieur au travail, offrez-lui une copie de ce livre. Convenablement renseigné, il souhaitera peut-être changer son comportement. S'il est dépendant de l'alcool, de drogues, de médicaments, ou s'il est sujet à des comportements compulsifs, vous aurez probablement à vous adresser à son supérieur pour que les choses commencent à bouger.

Nous souhaitons toutes et tous vivre des relations harmonieuses. Confrontés à une difficulté, la plupart d'entre nous opteront pour une communication franche et directe. Mais si notre interlocuteur éprouve des problèmes de dépendance ou des désordres émotionnels, s'il est incapable de se comporter sainement, nous aurons à nous protéger. Accéder à un meilleur environnement de travail signifie parfois qu'il faille changer d'emploi. Une entreprise où l'on ne se soucie guère de la qualité des relations humaines finit par perdre ses meilleurs éléments et l'employé, qui chemine vers une vie plus équilibrée et plus saine, finit par s'en aller.

Si, au travail, vous avez été ou êtes présentement victime d'une violation de frontière, ayez le réflexe de vous protéger. Sortez de cette situation le plus rapidement possible. Tournez-vous vers des gens en qui vous avez confiance, des gens capables de vous appuyer si vous décidez de quitter votre travail.

Toute victime d'une violation a besoin de faire un deuil. C'est en apprenant à nous réconcilier avec la souffrance vécue que le bien-être dont nous avons jadis été privés nous sera rendu. Recherchez le réconfort et l'écoute d'une personne en qui vous avez confiance. Explorez les raisons qui ont motivé vos choix passés et consultez un expert pour éviter de reproduire cette situation.

La personne qui travaille à réparer les bris de ses frontières cheminera progressivement vers une meilleure qualité de vie. Elle passera de la méfiance à la confiance et, peu à peu, développera ses capacités en devenant de plus en plus elle-même. Elle en viendra à assumer pleinement la vie qui lui a été donnée.

◆ 8 ◆

L'intimité

L'engagement fait toute la différence

J'ai bien peur que les idées que je prône aujourd'hui ne paraissent terriblement moralisantes et vieux jeu de la part d'une femme d'âge moyen pourtant issue de la génération du « flower power », de l'amour libre. À l'époque où je fréquentais l'école secondaire, l'amour et la sexualité représentaient l'aventure, et les principes de nos parents étaient jugés vieillots. Mais après vingt ans de pratique thérapeutique, et maintenant que je suis devenue adulte, j'entends de nouveau la voix lointaine de mes parents qui essayaient de me faire comprendre la grande différence qui existe entre les personnes qui décident de cohabiter ensemble et celles qui s'engagent devant témoins pour la vie.

S'il est un terrain propice au plein épanouissement de l'intimité émotionnelle et physiologique des êtres, c'est bien le mariage ou toute autre forme de relation de couple. L'engagement fait toute la différence. Comment, en effet, créer une atmosphère propice à l'intimité si nous ne sommes pas assurés que l'autre sera encore là demain?

Le mariage, comme toute relation de couple, est une grâce : Dieu nous offre ainsi la chance de résoudre les problèmes de notre enfance. Ce besoin d'apaiser les douleurs du passé dissipe l'illusion du « ils vécurent heureux… » des contes de fées et nous permet d'affronter la dure réalité qui consiste à forger jour après jour, parfois à travers les cris et les larmes, le bien-être de notre couple. (Un auteur anonyme écrivait : « Le mariage est la seule guerre où l'on couche avec l'ennemi. ») Mettre de l'ordre dans ses frontières fait bien sûr partie du processus par lequel on construit quotidiennement son bonheur.

Que souhaite-t-on?

Qu'espère-t-on trouver dans le mariage? La plupart d'entre nous répondront: la fidélité, la sécurité, la passion sexuelle, la compréhension, l'entraide, la complicité, l'affection, la loyauté, l'opportunité de s'exprimer et une certaine forme d'équilibre budgétaire.

Est-ce vraiment trop demander? En fait, tout est relativement simple jusqu'à ce qu'une autre personne qui a des problèmes à gérer ses frontières entre dans le jeu. Rappelez-vous François. Peut-on imaginer que cet homme puisse éprouver de la compassion? Le pense-t-on capable d'une sincère affection? D'une franche camaraderie? François ne croit même pas qu'on puisse l'aider à exprimer ses émotions. Il a fixé ses frontières tellement loin des autres que, pour accéder à son monde intérieur, il est obligé de parcourir un long et sinueux trajet.

Pour communiquer, nous avons besoin de frontières

Tous les livres qui traitent du mariage vous diront que la communication est la clé d'une relation réussie. Il y a cependant plusieurs façons de procéder. Les communications les plus significatives émanent de l'intérieur d'un être et vont droit au cœur d'un autre. Elles expriment les sentiments d'une conscience timorée, elles parlent d'émotions difficilement avouables et pourtant essentielles, elles expriment des besoins qu'étouffent la peur et la honte. Encore faut-il qu'elles soient recueillies avec sympathie, par un esprit ouvert, sans jugement, qui n'a pas peur de se laisser toucher, qui va d'un cœur à l'autre et non d'un cœur à un esprit.

Plusieurs parents pratiquent aujourd'hui cette forme de communication et je me réjouis de constater que tant de couples aient aujourd'hui appris à écouter avec compassion les sentiments de leurs enfants. La plupart des gens de ma génération n'ont pas été sensibilisés au phénomène. En fait, on croyait, à l'époque, que les enfants avaient surtout besoin d'être contrôlés. Leurs sentiments importaient peu.

La plupart d'entre nous n'ont donc pas eu la chance de pratiquer, au cours de leur jeunesse, cette forme éclairée de communication. Et le quotidien de notre mariage s'en est certes ressenti. Ce cheminement vers l'intimité suppose de chacun qu'il reconnaisse les sentiments qui l'habitent et qu'il soit capable d'une écoute de qualité. Pour cela, nous avons besoin de frontières.

Départager ce qui est moi et ce qui est toi

Nous ne pouvons exprimer ce que nous ignorons. Pour dire à mon conjoint les sentiments qui m'habitent, je dois rester en contact avec mon moi intérieur. Il me faut donc une frontière émotionnelle définissant qui je suis, cernant la nature de mes désirs, et délimitant le sens de mes paroles.

Pour être en mesure d'écouter l'autre sans le critiquer, je dois être conscient qu'il est différent de moi et ne pas me sentir menacé par ce qu'il essaie d'exprimer. Je dois aussi reconnaître que sa façon de penser n'est pas la mienne. Enfin, j'ai besoin de sentir que j'ai la capacité et la volonté de faire cesser toute parole qui pourrait violer l'une de mes frontières. Bref, pour être objectif, mon écoute ne doit jamais confondre ses préoccupations avec les miennes.

Marjorie s'oublie pour Benoît

Marjorie et Benoît approchent la trentaine. Ils se sont rencontrés au cours d'une soirée chez des amis et ont passé la nuit ensemble. Au cours des trois semaines qui suivirent, ils ne ratèrent aucune occasion de se retrouver. Puis, ils décidèrent qu'ils ne pouvaient plus vivre l'un sans l'autre. Marjorie emménagea chez Benoît, dans un appartement que la maman de Benoît avait meublé et décoré. « La première fois que j'y ai mis les pieds », dit Marjorie, « j'ai été frappée par la dominance du brun. On aurait dit un décor de western conçu et réalisé pour un homme qui rêvait encore aux cowboys de son enfance. L'appartement brillait comme un sou neuf. Il n'y avait tout simplement plus de place pour ajouter quoi que ce soit. »

Marjorie renonça à la luminosité et aux grands espaces de son appartement. Dans un réduit, situé au sous-sol de l'appartement de Benoît, elle entassa ses photos de famille, les quelques meubles antiques qu'elle possédait ainsi que la plupart de ses livres et disques. Personne n'a pensé à faire de la place chez Benoît pour les quelques objets que Marjorie possédait. Personne n'a songé à réaménager l'appartement pour qu'il reflète la personnalité du couple, pas seulement celle de Benoît.

Toute empreinte du bonheur que lui procurait la présence de Benoît, Marjorie finissait ses journées de travail et rentrait en courant pour préparer un repas de gourmet. Benoît décidait du reste. Il décréta que le temps consacré aux repas leur appartiendrait en propre. Pas question de lire le journal, pas question de regarder la télévision. Il insista pour laver la vaisselle. Benoît dicta ensuite les grandes lignes de la routine du samedi. On faisait l'amour, puis le ménage et les courses. Sitôt rentrés, on rangeait les aliments, on dînait, on lavait l'auto et on faisait de l'exercice (marche ou course à pied). Les loisirs étaient consacrés à faire une promenade en voiture, à magasiner pour l'appartement, à s'amuser en jouant une partie de mini-golf, en regardant la télé, en visitant des expositions telles que les salons d'armes à feu, les salons nautiques.

Marjorie n'eut aucune difficulté à s'adapter à ce mode de vie. Avec Benoît, elle avait l'impression que sa vie était ordonnée. Chaque chose était à la place qui lui convenait.

Cependant, au cours du premier mois de leur idylle, quelque chose de bizarre se produisit. À l'époque où elle vivait seule, Marjorie possédait une collection de supports à serviettes de table. Quand elle recevait des amis, elle les disposait devant eux et les invitait à choisir le support qui leur plaisait; par la suite, quand ces gens dînaient de nouveau avec elle, elle prenait soin de toujours leur attribuer le support qu'ils avaient initialement choisi. Un beau samedi, elle descendit au sous-sol pour y récupérer sa collection. De tous les supports, Marjorie s'était toujours réservé celui en cristal poli. Au dîner, elle le posa devant son couvert avant d'offrir à Benoît de faire un choix. Il pointa celui en cristal en disant : « Je prends celui-là. »

Marjorie encaissa le coup en silence. Elle se disait qu'après tout, ce n'était qu'une toute petite chose. Pourquoi s'en faire parce que Benoît voulait tout à coup utiliser le support décoratif qui avait été le sien pendant des années? Elle en avait si longtemps joui. Au fond, elle ne s'en défaisait pas vraiment puisqu'il serait encore sous ses yeux, à tous les jours. Marjorie eut beau faire comme si de rien n'était, lorsqu'elle lui tendit le support, elle éprouva une telle tristesse que les larmes lui montèrent aux yeux. Tout ça lui paraissait tellement ridicule. Elle ravala ses larmes et se força à manger son repas.

Mais un autre mystère planait sur la vie de Marjorie. Quel était donc cet étrange sentiment d'irréalité qui l'habitait quand elle circulait et faisait le ménage de l'appartement? Tout autour d'elle reflétait un luxe auquel elle n'était point habituée. Elle croyait rêver. Elle se dit qu'elle n'avait sans doute pas l'habitude de tant de faste.

« Bizarre tout de même », se disait-elle, « que tous ces objets soient la source de tant d'inconfort. » Le mobilier de bois massif, la prédominance des tons bistrés et les lourds rideaux qui obstruaient les fenêtres (Benoît défendait sa vie privée avec une ardeur qui frisait le fanatisme) assombrissaient l'appartement. Marjorie, qui avait toujours habité dans des endroits lumineux, s'étonnait que cette relative obscurité la dérange autant.

Benoît aimait que la température ambiante soit constante. Peu importe le temps qu'il faisait dehors, le thermomètre de l'appartement indiquait invariablement 20 °C l'hiver (sauf pour la première heure du matin, lorsque Benoît prenait sa douche) et 22 °C en été. Marjorie, pour sa part, aimait ouvrir les fenêtres pour laisser entrer les brises du soir, pour écouter les bruits de la nuit.

Au cours de leur premier hiver ensemble, Benoît rentra du bureau et s'aperçut tout de suite que Marjorie avait monté le thermomètre à 21 °C. « Marjorie, pourquoi avoir changé la température? » lui demanda-t-il.

Marjorie sentit aussitôt qu'elle avait mal agi. Elle a presque failli nier son geste. « J'avais froid », dit-elle.

« Tu avais froid! Mais ça ne se peut pas, il faisait 20 degrés ici. C'est bien assez chaud », répliqua Benoît.

« Je vais bientôt avoir mes règles », plaida Marjorie. « Je me sens toujours un peu plus frileuse au cours de cette période. »

« C'est ridicule », trancha Benoît.

Elle ne parvenait pas à rassembler ses idées pour lui répondre. Il y avait comme un trou dans son esprit.

« Si tu as froid, mets un chandail », poursuivit-il, « c'est aussi simple que ça. »

Après cet incident, Benoît prit l'habitude de vérifier personnellement et quotidiennement la position des aiguilles du thermostat le matin avant de partir, l'après-midi en rentrant du travail et le soir avant d'aller au lit.

L'été suivant, Marjorie voulut ouvrir une fenêtre. Il lui fit une scène qui dura trois heures. Marjorie remporta la manche, mais Benoît se plaignit tellement que l'été entier s'écoula sans qu'elle lui demanda de nouveau d'ouvrir une fenêtre.

Aucune trace de Marjorie

En emménageant chez Benoît, Marjorie a, sans trop s'en rendre compte, modifié sa façon d'être : elle renonçait à son moi, à la conscience qu'elle avait d'être une personne distincte des autres, à des frontières émotionnelles clairement définies. En entassant ses effets personnels dans un réduit, elle évacuait son univers et le meublait avec les couleurs, le mobilier, les photos de famille de Benoît.

« Mais », me direz-vous, « ce ne sont que des objets. » (« Que des objets! », vous répliquerai-je. « Nous sommes la société la plus matérialiste qui soit au monde. Et si la culture américaine valorise quelque chose, ce sont bien les objets. ») Ils ont donc beaucoup d'importance, surtout ceux que nous conservons comme souvenirs. Le colifichet qui nous rappelle une amie chère, un carnet qui relate un événement heureux, la photo d'un être cher, tous ces objets constituent une extension de ce que nous sommes; ce sont des symboles qui nourrissent notre vie intérieure. Nous nous sentons à l'aise dans notre maison parce qu'elle contient nos biens personnels. Une chambre d'hôtel a quelque chose d'impersonnel précisément parce qu'elle ne contient aucun de nos souvenirs. Mais retirez vos souliers, éparpillez quelques vêtements ici et là et vous verrez que vous vous y sentirez beaucoup plus à l'aise.

Marjorie a subi un choc psychologique d'importance. Elle s'est immergée dans l'univers de Benoît et a adopté d'emblée les objets de son ami, l'obscurité de son appartement, les couleurs qu'il préférait, les goûts qu'il manifestait. Elle s'est soumise à l'emploi du temps de son conjoint, à son mode de vie, à sa routine, à son choix d'activités récréatives. Benoît s'est même approprié le seul objet qui, dans l'appartement, appartenait à Marjorie : son support décoratif à serviettes de table. Et Marjorie n'a même pas protesté. Quand elle lui a tendu l'objet, elle n'a pas compris toute la symbolique que ce geste véhiculait, pas plus qu'elle n'a écouté son corps qui, à travers les larmes qui montaient, tentait de la prévenir, de lui dire : « Mais tu as renoncé à tout. Garde ce support. Il est à toi! » Marjorie a fait taire cette voix. Du coup, elle se coupait des messages fondamentaux que lui communiquait son être le plus intime.

Les besoins fondamentaux pris en otage

Marjorie renonça de plus en plus à elle-même pour s'adapter aux impératifs du mode de vie de Benoît. Quand il se moqua d'elle parce qu'elle avait froid, elle n'opposa aucune résistance. Ainsi, elle renonçait de nouveau à une autre parcelle de son identité émotionnelle. Ignorer ou renier ses besoins physiologiques mine la santé émotionnelle d'une personne. Ne pas reconnaître que l'on a froid, que l'on a soif, que l'on a besoin de sommeil persuade le moi que ses besoins fondamentaux ne méritent pas d'être satisfaits. Par contre, quand on prend soin de soi, on renforce son estime de soi, on affirme l'intégrité de sa personne.

En cédant aux manifestations du besoin compulsif de contrôle de son conjoint (Benoît l'exerçait même sur les fenêtres de son appartement), Marjorie entrait dans la peau d'un otage : elle donnait à Benoît le pouvoir de décider de ses besoins physiologiques fondamentaux.

Un otage n'a qu'un seul but : survivre jusqu'à ce qu'il puisse s'échapper ou jusqu'à l'arrivée des secours. Au cours de sa captivité, un tournant psychologique s'effectue. Il arrive parfois que la victime succombe à l'ascendant de la personne qui est en position de contrôle. Un lien se crée entre eux. L'otage en vient à adopter le point de vue de son ravisseur, à embrasser les raisons qui le motivent. Il se peut même que, par loyauté, il finisse par lutter à ses côtés. Totalement subjugué par la personnalité du ravisseur, l'otage finit par redouter le moment où l'autre ne sera plus là pour le protéger. Cette peur peut l'amener à renoncer à s'échapper. Certains vont même jusqu'à compromettre la réussite de leur libération.

Survivre n'est pas évoluer

Les enfants tenus en otage par la démesure de parents abusifs, les femmes victimes des abus de leurs maris témoignent avec éloquence de ce processus. Ceux qui se battent pour survivre ne peuvent tout simplement pas se développer. Comment peut-on travailler à élargir sa conscience de soi quand on a froid, ou que l'absence de lumière mine ses énergies? Sous la menace des coups, se préoccupe-t-on des injures? Se sent-on libre d'exprimer son angoisse? A-t-on la possibilité de tirer des leçons de la colère d'autrui?

L'intimité est possible quand une personne se révèle à une autre. Se révéler signifie que l'on a d'abord appris à se connaître parce que l'on a eu le loisir d'explorer sa propre individualité, de le conscientiser afin de pouvoir s'offrir à l'autre.

Ceux qui ont appris à se connaître savent que l'intimité est un long processus qui fait appel à une grande ouverture d'esprit, qui nécessite une absence de préjugés, qui exige de l'écoute, des échanges et de l'acceptation. Un monde sépare l'intimité de l'amour obsessionnel, comme l'a très bien vu W. Somerset Maugham quand il écrivait : « L'amour est ce qui surprend les hommes et les femmes qui ne se connaissent pas l'un l'autre. »

Pour être intimes, il faut deux êtres distincts

L'essence de l'intimité réunit deux personnes, deux individualités clairement distinctes. Vivre en symbiose n'est pas vivre de l'intimité. Et ceux qui forment un couple pour combler leurs manques ne parviendront ni à satisfaire leurs besoins ni à vivre de l'intimité s'ils ne sont pas des individus entiers.

Pour parvenir à l'intimité, il faut passer beaucoup de temps à essayer de communiquer, à reconnaître ses erreurs, à s'expliquer, à se pardonner, à s'accepter, à s'appuyer. Bref, il faut que deux êtres conscients de leurs besoins en arrivent à identifier pleinement ce qui les distingue l'un de l'autre. Si les deux personnes ont déjà individuellement investi temps et efforts pour découvrir ce qu'ils sont, ils auront plus de chances de réussir leur relation que ceux qui s'engagent avec des carences, le jour même des noces.

Jouons franc jeu. Beaucoup de gens se marient pour apaiser une souffrance. De là à parvenir à une véritable intimité, il y a loin de la coupe aux lèvres!

On se marie aussi pour un tas d'autres raisons : pour échapper à la famille, pour ne plus être seul, pour recevoir de l'attention, pour que quelqu'un s'occupe des enfants, pour vivre avec un compagnon, pour améliorer sa situation financière, pour partager ce que l'on possède, pour montrer aux autres que l'on a été choisi, pour se sentir désiré, pour répondre aux attentes de la société. Mais les anneaux sont à peine échangés que tout commence à basculer.

L'enthousiasme des premiers ébats ne s'est pas encore complètement estompé que les blessures d'enfance refont surface et engendrent toutes sortes de problèmes : jeux de pouvoir, individualité menacée, contrôle excessif, peur de l'éloignement, peur de l'intimité. Beaucoup de gens, pour qui le mariage se résume à la formule « ils vécurent heureux... », en prennent pour leur rhume. Madame se plaint : « Il est censé m'aimer plus que tout au monde et le voilà qui, au déjeuner, me lit le journal au nez. » Monsieur réplique : « Je rentrais du bureau et elle ne me demandait jamais rien. Pourquoi veut-elle maintenant discuter pendant des heures des enjeux de notre relation? » De petites choses insignifiantes sont montées en épingle et chaque conjoint en vient à se demander s'il connaît vraiment cet étranger, cette étrangère, qui, il n'y a pas si longtemps, lui inspirait tant d'ardeur amoureuse.

On dirait qu'avec le certificat de mariage vient un agenda où sont inscrites au verso les lignes de conduite que chacun des conjoints tient de sa famille lors de l'enfance. Elles dictent les règles de ce qui est à faire et à ne pas faire, de ce qui est important et ce qui ne l'est pas. Ces listes d'items, de revendications, varient malheureusement beaucoup d'un conjoint à l'autre et c'est bien de là que naissent tous les conflits.

Le témoignage de Laura : la recherche insatiable de sécurité

Ma première rencontre avec Pierre a eu lieu à l'église. Il était dans une chaire de prédicateur et il s'apprêtait à prononcer un sermon. Le « Amen » final de sa prière d'introduction n'était pas encore prononcé que j'étais déjà bouleversée. Était-ce l'aura d'honnêteté, de sincérité semblant l'envelopper qui me séduisait tant? En fait, je ne saurais dire avec précision ce qui m'attirait vers lui.

Le hasard nous avait réunis en ce lieu. Une amie m'avait invitée à l'office du jour d'Action de grâces. Pierre, comme je l'ai appris par la suite, était d'une autre paroisse. Je m'éclipse habituellement tout de suite après les cérémonies religieuses. Mais, ce jour-là, j'ai laissé mon amie m'entraîner dans la salle paroissiale où on préparait un dîner communautaire.

Je coupais des pieds de céleri quand Pierre est apparu dans l'embrasure de la porte. Je ne l'ai pas vu tout de suite, mais lui m'avait repérée. Une main s'empara d'un morceau de céleri. Je levai les yeux. Il était devant moi et dit : « Besoin d'un coup de main? »

« Il faudrait bien préparer les radis », répondis-je.

« Je reviens tout de suite », s'empressa-t-il d'ajouter. Il disparut et revint au bout de quelques minutes. « Je suis allé me laver les mains », expliqua-t-il. « Je viens de serrer les mains d'à peu près tout le monde. »

Il se tira une chaise à mes côtés et ensemble, nous avons disposé les radis sur les bâtonnets de céleri. Mais nous passions notre temps à rattraper les radis qui glissaient hors des plats et roulaient sur la table. Ce petit manège nous a passablement divertis. Je sais bien que des radis et des céleris n'ont rien de très romantique, sauf, bien sûr, quand on a le coup de foudre.

Pierre m'a téléphoné à quelques reprises et nous sommes sortis ensemble. Il n'a même pas essayé de me toucher. Quelle différence d'avec les hommes aux mains aventureuses que j'avais jusqu'alors connus. Quelque chose de nouveau montait en moi. Je désirais Pierre. J'aurais aimé qu'il me prenne dans ses bras, qu'il m'embrasse.

Les fréquentations allèrent bon train. Pierre semblait tellement jouir de ma compagnie. Il aimait et souhaitait ma présence. Il était fier de moi. Il me présentait à ses amis.

Son enthousiasme et son côté petit garçon me plaisaient beaucoup. Mais, par-dessus tout, je me sentais en sécurité avec lui. Ce sentiment annihilait tous les autres. Il me désirait tellement. Pierre débordait de bonheur en ma présence; alors, je ne pouvais que me sentir en sécurité à ses côtés. Je me sentais tellement bien avec lui que je l'aurais suivi n'importe où.

J'ignorais alors que j'étais, depuis ma plus tendre enfance, habitée d'une peur immense d'être abandonnée. Je ne savais pas que le premier homme qui apaiserait cette terrible angoisse trouverait le chemin de mon cœur.

Nous nous sommes mariés. Le matin où je devais me rendre à l'église, il m'a semblé que quelque chose clochait. Mais j'ai fini par me convaincre que cette inquiétude était ridicule. Ma thérapeute m'a, plus tard, fait comprendre que j'aurais très bien pu retarder le mariage jusqu'à ce que je me sente prête à m'engager.

J'ai l'habitude de me persuader que tout ira pour le mieux dans le meilleur des mondes. En vérité, dans ma vie, je n'ai jamais senti que j'étais prête à faire face à la musique quand les violons attaquaient la mesure. Je n'étais pas prête à naître : je suis née avant terme. Je n'étais pas prête à faire face à la solitude : j'ai passé les premières semaines de ma vie dans un incubateur. Je n'étais pas prête à quitter ma grand-mère quand maman est venue me chercher. Je n'étais pas prête à la sexualité quand mon beau-père s'est jeté sur moi. Je n'étais pas prête à épouser Pierre, mais il le voulait tellement et cela devait me suffire. Je n'aurais jamais été capable de le blesser en lui disant que j'avais encore besoin de réfléchir.

Au cours des premiers mois de notre mariage, j'ai filé le parfait bonheur : ma peur avait disparu. J'éprouvais bien la vague impression de ne pas vivre dans la réalité, mais je ne m'y suis pas arrêtée. Il ne m'est jamais venu à l'esprit que cette impression était attribuable au fait que ce n'était pas ma propre existence que je vivais. Ce n'est que beaucoup plus tard que j'ai compris cela.

Je vivais un conte de fées intitulé « La femme du prédicateur ». J'étais la reine de toutes les soirées où nous nous rendions. Les adeptes de la confession de Pierre nous serraient contre eux, nous inondaient de compliments. Et moi, je souriais béatement.

Dieu avait béni ce mariage et je croyais sincèrement que notre union était un modèle pour tous. Pendant un mois, mes pieds ne touchèrent terre. J'aurais dû sentir que j'étais comblée, mais quelque chose me disait que tout ça n'était pas réel. N'étais-je pas heureuse? Pourquoi donc ne pas m'abandonner pleinement à cette vie? J'ai de bons instincts, mais je ne les écoute pas. En fait, une petite voix intérieure me répétait qu'il y aurait un prix à payer pour tout ça.

Quand nous nous sommes mariés, j'ignorais comment Pierre gérait son argent. J'idéalisais cet homme, je ne réfléchissais pas. J'ai présumé qu'il touchait un salaire comme ministre du culte et qu'il savait comment administrer un budget.

Un jour, peu avant notre mariage, Pierre m'avait emmenée faire des courses. Au magasin de meubles, nous nous sommes beaucoup amusés à déambuler dans les allées, à vérifier le confort des fauteuils, à découvrir nos goûts respectifs. « Quels meubles désires-tu pour notre maison? » dit-il. La question me surprit.

« Mais tu possèdes déjà les tiens. Et moi, j'ai les miens », répondis-je.

« Je sais, chérie, mais c'est pour notre maison », ajouta-t-il. « Choisis ce qui te plaît. »

Ça m'a tourné la tête. Tant de générosité renforçait mon sentiment de sécurité. Pierre avait tant d'égards pour moi. Enfant, je n'avais eu droit qu'à un minimum d'attentions, et encore moins quand mon beau-père est entré dans ma vie. Je voulais que l'on prenne soin de moi. Rien au monde ne m'importait plus que cela.

Pierre me berçait dans ses bras pendant des heures. Et j'en redemandais. J'avais autrefois été sevrée de toute forme d'affection. J'absorbais comme une éponge celle que Pierre me dispensait. Pierre comblait trois de mes besoins fondamentaux, trois besoins si douloureusement négligés : il me désirait et ça me rassurait, il prenait soin de moi et ça me sécurisait, il me donnait de l'affection et j'en mourais d'envie.

Est-ce que je l'aimais? Est-ce que je voulais me donner à lui? Je repoussais ces questions loin de mon esprit. Je n'aurais pas renoncé à ce qu'il m'offrait pour tout l'or du monde.

Pierre me sortait beaucoup. Comme je n'aimais pas cuisiner, il m'invitait souvent au resto. Nous allions au cinéma. On partait régulièrement pour de courts voyages, les fins de semaine.

Et puis, un jour, un nuage est apparu à l'horizon. Pierre est rentré à la maison avec une foule d'objets dont nous n'avions aucun besoin. Il s'était arrêté dans une vente de garage et avait ramassé toutes sortes de babioles inutiles ou inutilisables. Il était tout fier et répétait : « Dire que tout ça ne m'a coûté que 5 $! »

Je n'ai pas fait de scène. Il n'y avait pas de quoi faire un drame. Mais quel gaspillage tout de même. Et rien de tout ça ne pouvait servir. J'ai ressenti de l'inquiétude, un sentiment que je me suis empressée de réprimer.

Pierre ne regardait pas à la dépense. À chaque mois, il arrivait avec quelque chose de nouveau : un téléviseur, un lecteur vidéo, une voiture. Cette dernière n'était pas en meilleur état que celle que nous possédions déjà. En fait, elle paraissait plus âgée, plus délabrée que l'ancienne. Pierre disait l'avoir aperçue en rentrant, un soir, et il n'avait pu résister à l'envie de la posséder.

Dans ma tête, un feu rouge, signe de danger, s'est mis à clignoter. Étions-nous assez riches pour nous offrir toutes ces choses? Pierre était très réservé sur les questions d'argent. Il n'aimait pas que je le questionne là-dessus. Un certain jour, où il réglait quelques factures, je suis entrée dans son bureau et il m'a ordonné sur un ton agressif de sortir de la pièce. J'ai commencé à avoir peur, mais j'ai de nouveau fini par me convaincre que tout s'arrangerait.

Un jour, j'ai ouvert par mégarde une enveloppe. Il s'agissait d'un compte de carte de crédit impayé qui contenait un avertissement : deux mensualités n'avaient pas été réglées. Pierre me fit une scène pour avoir ouvert cette enveloppe, mais je l'ai forcé à me donner des explications.

Il dit que ce n'était rien. Il était un peu serré parce qu'il avait dû emprunter pour payer le gouvernement. (Un ministre du culte est, en Amérique, un travailleur autonome. Il est tenu de verser, par acomptes provisionnels, un impôt sur son revenu.) Pierre disait avoir oublié cette dépense. Il avouait être un peu négligent au chapitre du budget, mais il était en voie de se discipliner. En attendant, il avait dû demander un prêt qui limitait sa marge de manœuvre. Il tenait tant à nos petits soupers au restaurant et, pour rien au monde, il n'aurait voulu être privé de la joie de me rendre heureuse. Les retards s'expliquaient parce qu'il avait simplement un peu abusé de la carte de crédit, mais il n'y avait pas de quoi s'inquiéter outre mesure. Tout ça, c'étaient des bagatelles et il allait bientôt s'en sortir.

Ces explications calmèrent ma peur. Mais chassez le naturel et il revient au galop. J'avais épousé Pierre pour la sécurité qu'il me procurait, mais cette sécurité m'échappait de plus en plus. Ce n'est cependant que beaucoup plus tard que j'ai pleinement pris conscience de ce fait. En attendant, toutes ces questions d'argent m'amenaient à réaliser que Pierre ne correspondait peut-être pas à l'idéal que je m'étais fait de lui. Tout se passait comme si nous avions signé un contrat virtuel par lequel il s'était engagé à prendre soin de moi; en retour, j'avais à le rendre heureux. Et il venait de rompre ce contrat implicite.

J'avais toujours désespérément besoin qu'il me tienne dans ses bras. Mais son ardeur diminuait. Je ne me rendais pas compte que la faute était imputable aux soucis d'argent qui accaparaient presque toutes ses énergies. Je ne voyais qu'une chose : Pierre n'avait plus de temps à me consacrer. Les sermons à rédiger, les réunions à préparer l'absorbaient complètement. Il passait le plus clair de son temps dans son bureau. Il me semblait qu'il préférait l'église à sa femme. Une de ses ouailles se pointait-elle à la maison que Pierre s'empressait de la recevoir. Les fantômes de mon enfance refirent surface. Je me revoyais seule, à la maison, tandis que ma grand-mère s'occupait des œuvres de bienfaisance du curé. J'entrouvrais la porte de son étude : Pierre lisait la Bible. Seule une sorcière oserait déranger un pasteur qui lit la Bible. Je songeais de nouveau à ma grand-mère dont les œuvres avaient tellement d'importance. Qui étais-je donc pour voler le temps de quelqu'un investi d'une sainte mission?

Quand je lui demandais cinq minutes d'affection, Pierre s'en montrait contrarié. Notre vie sexuelle périclitait. En fait, Pierre brisait la deuxième clause de notre contrat virtuel : il devait me tenir dans ses bras aussi souvent que j'en avais besoin.

Ce mariage faisait mon malheur. J'avais épousé Pierre pour me débarrasser de mes peurs, parce qu'il m'avait témoigné un si grand intérêt, parce que j'avais la certitude qu'il ne m'abandonnerait jamais. Nous avions tacitement convenu qu'il ne me laisserait jamais tomber. Mais l'argent et l'église l'éloignaient de moi. Il me délaissait. Mes angoisses reprirent le dessus.

L'argent est devenu une obsession. Je me disais que si je parvenais à lui inculquer une once de bon sens, Pierre redeviendrait comme avant. J'entrepris de le convaincre de changer ses habitudes. L'ennemi à abattre : son irrépressible besoin de dépenser. Chaque dépense augmentait le fardeau financier du ménage. Éliminer la dépense, c'était éliminer les problèmes. J'ai utilisé tous les recours qu'une femme connaît pour le rendre raisonnable : les larmes, les menaces, la colère, la sexualité, la flatterie, les repas gastronomiques, la séduction, la persuasion, la logique. Rien n'y fit. Plus la situation m'échappait, plus je donnais prise à la colère, à la peur, à l'obsession. J'ai puisé dans mes économies pour pourvoir aux besoins du ménage. J'espérais que Pierre aurait ainsi pu dégager la marge de manœuvre dont il avait besoin pour régler ses factures. Il en a profité pour dépenser davantage.

Pierre dépassa la limite de crédit de toutes ses cartes et j'ai commencé à utiliser les miennes pour financer notre train de vie. J'essayais de le convaincre qu'une thérapie nous serait bénéfique. Toutes mes préoccupations étaient centrées sur son obsession. Je m'étais informée sur les gens qui éprouvent le besoin compulsif de dépenser de l'argent. Je voulais qu'il se rétablisse. J'ai tenté de le persuader d'adhérer à un mouvement anonyme qui prônait les Douze Étapes. Il a assisté à une réunion, mais n'a pas aimé ça.

Tout ça m'empêchait de voir que j'étais obsédée par Pierre. En fait, j'avais tout d'une mégère : je ne décolérais jamais, j'étais constamment après lui et rien de ce qu'il faisait n'avait de la valeur à mes yeux. Parfois, j'éprouvais le besoin irrépressible de le punir. Mais les motifs de ma fureur m'échappaient. N'avais-je pas une excellente raison d'agir ainsi? Son inconscience ne nous plongeait-elle pas dans l'embarras? Aujourd'hui, je sais que le fait de sentir qu'il m'abandonnait ouvrait grande la porte à la colère que je n'avais jamais osé exprimer à ma grand-mère et à ma mère.

Pierre n'était qu'un bouc émissaire. Comme ma mère et ma grand-mère, il m'avait abandonnée. Je voulais qu'il paie pour tous les autres, pour toutes les frustrations que j'avais accumulées au cours des années.

Mon attitude le poussa à me quitter. Je ne m'en veux pas. Je crois qu'il avait sa part de responsabilités dans tout ça. Mais dresser la liste de ses torts ne m'a en rien aidée à comprendre ce qui se passait en moi. Quand il est parti, j'ai eu besoin de l'appui d'un nombre incalculable de gens pour me convaincre que Pierre avait posé cet ultime geste d'abandon non parce que je n'en valais pas la peine, mais parce qu'il était impuissant à changer.

Toutefois, le fond de l'histoire est que j'étais en grande partie responsable de ce qui s'était passé. Pour que ça change vraiment dans ma vie, il fallait que je commence à examiner d'un peu plus près mes comportements, à travailler sur moi-même.

Un adulte n'est pas nécessairement une personne entière

Le développement des frontières de Laura fut entravé dès sa naissance. La médecine de l'époque recommandait un minimum de manipulations des bébés nés prématurément. Privée de toucher, Laura n'a pas eu la chance de créer de lien significatif avec sa mère. Cette carence retarda le moment où elle aurait dû prendre conscience de son être physique. Ce manque de toucher perdura au cours de l'enfance.

Avec une mère absente et une grand-mère négligente, Laura se sentit émotionnellement abandonnée.

Le lien avec sa grand-mère n'en était pas moins réel, mais sa mère la déracina de ce milieu pour la transplanter dans un autre où elle a eu à subir les agressions sexuelles de son beau-père. Laura n'a pu créer de liens significatifs tant sur le plan émotionnel que sur le plan physiologique. Et cette situation a duré des années. Un enfant est naturellement dépendant de son entourage. Comment donc Laura aurait-elle pu se développer normalement? Ses besoins primaires ne furent jamais comblés. Pire, elle a d'abord et avant tout cherché à survivre, pas à vivre. Arrivée à l'âge adulte, Laura était un être fragmenté, et non une personne entière.

L'illusion de la sécurité

Laura a grandi avec des frontières physiologiques mal définies et des frontières émotionnelles défaillantes. C'est ce qui explique l'angoisse chronique qui l'habitait. On ne survit pas à l'inceste, à l'abus, à la négligence, à l'abandon, sans connaître la peur. On n'en est pas toujours nécessairement conscient, mais cette peur motive plusieurs de nos choix. On a parfois l'impression que certaines personnes ont la capacité de nous apporter calme et sécurité. Mais les épouser ne donne rien : on finit toujours par revivre l'abus et l'abandon.

Réunissez deux êtres qui n'ont pas eu la chance de se développer normalement, qui n'ont jamais clairement défini leurs frontières : ils commencent par se rassurer l'un l'autre et finissent par s'entre-déchirer. La relation n'y résiste généralement pas. Malheureusement, ce cycle se répète parce que, la plupart du temps, chaque partenaire part de nouveau à la recherche de l'être idéal, de celui ou celle qui calmera la peur viscérale qui l'habite.

Et les partenaires se succèdent sans que rien ne change. Ils ne sont différents les uns des autres qu'en apparence. Sur le plan inconscient, leurs attitudes et leurs comportements sont presque identiques. Quand une personne cherche à camoufler sa peur, elle va immanquablement vers des partenaires qui ont le pouvoir d'apaiser son anxiété — un par sa bonne humeur, un autre par la force de sa personnalité, un troisième par le luxe dont il s'entoure. Quoique forts dissemblables, ces gens ont le pouvoir de créer l'illusion du calme et de la sécurité. Épouser l'un ou l'autre, c'est épouser une impression de bien-être. Quand cette impression se sera dissipée, la base même de la relation s'effondrera.

Ce qui n'entraîne pas automatique la fin abrupte de la relation. L'illusion de la sécurité ayant disparu, chaque partenaire peut donner libre cours aux ressentiments que la relation masquait artificiellement. On ne prend pas souvent conscience que c'est ce qui se cache derrière les querelles de couples. En fait, la plupart d'entre nous ne réalisent pas à quel point l'expression d'un sentiment peut être tributaire d'une émotion que nous avons jadis nous-mêmes réprimée.

Ma théorie est que le mal qui habite aujourd'hui le monde — violence, crime, viol, guerre, abus, intolérance, oppression — s'explique par l'incapacité des êtres à exprimer sainement leurs émotions. Mais je m'écarte de mon sujet. Il est ici question d'intimité.

Deux voies possibles : survivre ou se développer

Laissez-moi vous résumer avec simplicité le cycle d'évolution d'un être humain. À la base, un enfant n'a pas le choix : il se développe ou il ne fait que survivre. Quand on agresse sexuellement un enfant, quand on néglige son éducation, quand on l'abandonne à lui-même, quand on lui demande de se comporter en adulte, son esprit et ses énergies sont entièrement occupés par une seule idée : survivre. Si toutes les énergies physiques et mentales de notre petit être sont affectées à sa survie, il n'a pas un seul instant à consacrer à son développement.

Par contre, un enfant, dont les besoins physiologiques primaires ont été comblés, accède à un autre niveau de conscience. Un nourrisson dont la couche est propre, qui dort bien, qui mange à sa faim, a aussi besoin qu'une personne le prenne dans ses bras, qu'elle lui parle. Il a besoin que la lumière et les sons stimulent ses sens. Un bébé qui a bien dormi et bien mangé doit aussi bouger un peu, explorer le monde (sous surveillance). Il a besoin de sentir le contact physique d'un autre être humain. Un bambin qui est bien sustenté, qui est convenablement reposé, qui a dépensé sa dose d'énergie quotidienne, a aussi besoin de poser de nombreuses questions, de démonter des objets, d'explorer son propre corps. Un enfant de dix ans, dont les besoins de sommeil, de nourriture et de vêtements sont comblés, a aussi besoin qu'on le stimule mentalement, qu'on lui confie des responsabilités (qui sont de son âge), qu'on lui explique la complexité de certaines situations, qu'on lui montre à assurer sa sécurité quand il est seul. Il a besoin de travailler ses habiletés, de pratiquer quelques activités sociales, de converser, de communiquer, d'écouter. À chaque étape de son développement, un enfant acquerra un peu plus de confiance en lui, un peu plus d'indépendance, si on pourvoit à ses besoins fondamentaux.

Un petit être, dont le quotidien n'est pas nourri d'inquiétude et de confusion, se sentira libre de relever les défis qui, avec l'âge, grandiront en importance et feront de lui une personne pleinement épanouie. Si ses énergies sont toutes consacrées à assurer sa survie, des phases importantes de son développement en souffriront.

Les sentiments refoulés nous contrôlent

De cette constatation découlent deux corollaires importants : d'une part, notre bout de chou verra l'épanouissement de son moi sérieusement atrophié, d'autre part, il refoulera au plus profond de lui-même les sentiments liés à la terrible nécessité de survivre.

Or, les sentiments que l'on refoule nous contrôlent. Inconsciemment assumés, ils se cachent derrière les valeurs que nous adoptons, les décisions que nous prenons, les idées que nous défendons et, surtout, les partenaires que nous choisissons. Ils dictent également les mécanismes de défense par lesquels nous occultons la faiblesse de nos frontières.

En prenant conscience de ce processus, nous pouvons renverser la vapeur et pallier aux déficiences de notre enfance. Il s'agit de reprendre contact avec nos émotions jadis refoulées, de nous occuper de nos besoins physiologiques fondamentaux, de combler les manques de notre développement tant affectif que mental et de créer ou de renforcer nos frontières. Il s'agit, somme toute, de refaire l'unité de notre être.

Ceux qui n'ont pas de frontières se rabattent sur des mécanismes de défense

Un être qui a unifié les éléments de sa personnalité en un tout cohérent entreprend une relation sur une base complètement différente de celui dont la personnalité est fragmentée. Il est capable de définir ses besoins, d'exprimer ses émotions, d'établir ses limites. Il conserve intacte son individualité naturellement délimitée par ses frontières et non artificiellement circonscrite par des mécanismes de défense.

Une frontière naît de la conscience que nous avons d'être une personne unique. Notre capacité à établir une frontière repose, en grande partie, sur notre capacité à guérir les blessures de notre enfance. Identifier la douleur, reprendre contact avec les sentiments refoulés, faire le deuil des manquements, sont les étapes par lesquelles on parvient à recréer l'unité en soi, à cimenter les fragments éclatés de l'enfant qui nous habite. Plus ce travail de restauration avance, plus notre capacité à vivre l'intimité grandit.

Le témoignage de Laura : la prise en charge de ses manques

Quatre années de thérapie ont permis à l'un des événements les plus significatifs et les plus pénibles de toute ma vie d'être enfin intégré. J'ai mentalement revécu les premières semaines de mon existence parce que je voulais consciemment reprendre contact avec la souffrance, la solitude, l'abandon que je vivais alors quotidiennement. C'est la chose la plus difficile que j'aie jamais faite. Contrairement à la plupart des gens, je n'ai pas peur d'assumer mes sentiments, je n'ai pas peur d'aller en thérapie. Au contraire, je plonge tout de suite au cœur de l'action. Mais je peux vous dire, en toute honnêteté, que les semaines suivant cette expérience ont été particulièrement affligeantes. J'ai alors compris pourquoi j'avais, pendant toutes ces années, abusé des autres, de la nourriture, du travail. Ma douleur était tellement grande. Parfois, elle m'anéantissait : je restais alors couchée toute la journée pouvant à peine respirer. En d'autres occasions, j'éprouvais tant de colère que je hurlais en frappant violemment le matelas ou l'oreiller.

Mais, c'est fini tout ça : ma vie a changé. Je n'ai désormais plus besoin que l'on me prenne en charge. Je n'ai plus besoin qu'un homme remplisse le vide qui m'habitait. Je suis devenue une personne à part entière.

J'ai entrepris une relation avec un homme que j'aime véritablement. Cette fois, il n'y a pas eu de contrat imaginaire passé entre nous. Je n'ai pas eu à répertorier ses fautes parce que je savais que j'aurais perdu mon temps : ma survie ne dépendait plus du degré de perfection qu'il était capable d'atteindre. Je me sens parfois près de lui, parfois loin de lui. Et je suis capable de décider par moi-même du degré d'éloignement ou de proximité qui me convient. Je n'ai plus besoin qu'il soit toujours là pour me serrer dans ses bras.

Tout cela m'est tellement étranger. J'avais une idée tellement différente de l'intimité. Je croyais que ce serait comme dans les contes de fées. Mais ce que je vis avec Luc n'a rien d'un conte de fées, tout y est réel. Je n'ai plus la tête dans les nuages. Au contraire, j'ai les pieds solidement sur terre. Les liens qui nous unissent ne sont pas des chaînes. Chacun est libre de penser et d'agir à sa guise. Nos idées convergent ou divergent, selon le cas. Je ne sens pas que nos différences d'opinions nous séparent. Il nous arrive de nous échauffer un peu, mais ça n'a rien de menaçant. En fait, il ne s'écoule jamais beaucoup de temps avant que nous finissions par réaliser que nos points de vue sont simplement différents et que chacun d'eux a ses mérites. Je me rappelle les longues discussions que j'ai eues avec Pierre pour l'amener à adopter mon point de vue. Ce qu'il ne pouvait bien sûr pas faire. Il faut ajouter à sa décharge que je ne me suis jamais préoccupée de connaître sa façon de voir les choses.

Et voici ce qui me surprend le plus : je ne me suis jamais sentie autant en sécurité. Quand je repense à tout ce que j'ai fait pour que Pierre me communique cette sécurité. Et dire qu'elle est là aujourd'hui, tout le temps, sans que j'aie besoin de quelqu'un pour me la donner. Je la trouve à travers moi.

Être lié sans être enchaîné

Lorsque l'on est conscient de ses frontières émotionnelles, on est capable de distinguer ses sentiments de ceux de l'autre. On peut l'écouter exprimer ses émotions sans se sentir obligé de le secourir. On arrive à départager les problèmes qui nous appartiennent de ceux qui concernent l'autre personne. On est aussi en mesure de se protéger efficacement lorsque l'autre, incapable d'assumer convenablement ses sentiments, nous tombe dessus. On peut enfin décliner toute responsabilité qui ne nous appartient pas en propre.

À chacun ses responsabilités

Comment la plupart des gens se débarrassent-ils des sentiments qui les gênent? En se défoulant sur autrui ou en s'arrangeant pour que l'autre endosse la responsabilité à leur place.

Un jour, je suis rentrée à la maison passablement inquiète de l'attitude d'une cliente. J'arrive à la salle de bain et je m'aperçois qu'il n'y a plus de papier hygiénique. Me voilà partie à tempêter : « Comment se fait-il qu'il n'y ait personne dans cette maison qui voit à ce que nous ne manquions pas de produits de première nécessité? »

Que vient-il de se passer? En fait, je me suis débarrassée de mon anxiété en la dirigeant sur mon entourage qui n'a pourtant rien à voir avec mes états d'âme. Je leur refile simplement une inquiétude qui relève de ma responsabilité. Quelles sont les alternatives?

La première est que je prenne d'abord conscience du sentiment qui m'habite et de la réaction qu'il a déclenchée en moi. Je peux ensuite corriger la situation en disant quelque chose comme : « Je suis désolée, je n'aurais pas dû vous crier après alors que vous n'avez rien fait. Excusez-moi. C'est en fait un autre problème qui me préoccupe et je vais de ce pas le régler en téléphonant à la personne concernée. »

La seconde est de choisir un compagnon qui connaît bien ses frontières et qui n'accepte pas que je me défoule sur lui à propos de tout et de rien. Je lui lance : « Bon Dieu! Tu aurais pu acheter du papier hygiénique. » Il me répond : « Un instant! Je n'ai rien fait de mal. Si tu veux que j'achète du papier hygiénique, alors demande-le-moi. Ta colère n'a rien a voir avec le papier hygiénique. Mais si tu veux bien réfléchir un peu à ce qui se passe en ce moment entre nous, je suis prêt à t'écouter. »

Pareille réponse en choquera plus d'un. Mais un conjoint qui refuse de fermer les yeux devant une attitude malsaine travaille en fait à clarifier la relation. Il s'agit vraiment d'une attitude malsaine parce que régler la question du papier hygiénique ne réglera pas le fond du problème. Attaquer de front les véritables enjeux d'un différend épargne bien du temps et des soucis. Entretenir les expédients augmente la confusion des sentiments ainsi que la frustration des conjoints qui risquent, en fin de compte, de se faire plus de mal.

Un monde sépare la colère que l'on exprime quand l'on défend un point de vue valable de celle qui tombe comme du plomb fondu sur un bouc émissaire. Dans le premier cas, l'agressivité émane du cœur, elle n'a rien de caustique, d'affolant. Dans le second cas, la colère détournée corrode, détruit et soulève des difficultés qui n'auraient jamais vu le jour si les véritables sentiments, les véritables problèmes avaient été franchement abordés. Et c'est bien ce qui fait que l'on se querelle. Dans le feu de l'action, les conjoints croiront être proches l'un de l'autre, mais en fait, ils sont loin de vivre de l'intimité. Plusieurs d'entre nous ont grandi au sein de familles où cette forme d'expression des sentiments donnait l'impression qu'on existait pour quelqu'un. On s'engueulait et nos cris étaient la preuve que l'on s'aimait, quoi. En réalité, nous sommes ici passablement loin de la paisible communion si caractéristique d'une véritable intimité.

Mais comment se manifeste une frontière au cœur d'une relation intime?

Le témoignage de Laura : sa nouvelle vie

Ce matin, je me suis éveillée en douceur. Pas encore totalement sortie du sommeil, je savais que Luc voulait faire l'amour. Mes yeux à peine ouverts, je me sentais déjà tendue. J'ai développé un sixième sens qui me permet de deviner les autres et je crois qu'il est actif même dans mon sommeil. Il doit me venir de mon enfance, lorsque j'avais besoin de savoir si mon beau-père était dans la chambre.

J'ai senti la colère monter. Luc savait que je devais assister à une rencontre importante au cours de la matinée. Ce matin-là, j'avais besoin de réfléchir. Je devais me préparer mentalement à affronter mon monde. Je n'aurais l'esprit libre que lorsque j'en aurais fini avec cette rencontre. J'ai donc commencé à faire comme si je n'étais pas en présence de Luc. Le repli sur soi est le premier outil qui me tombe sous la main quand j'éprouve de la colère.

Mais je me suis soudainement souvenue que j'avais des frontières. Je me suis vue moi-même, distincte de Luc. J'ai réfléchi à ce que je voulais, à ce que j'avais besoin. Je voulais concentrer mon esprit sur les enjeux de la rencontre qui se préparait. Je voulais garder mon autonomie. J'avais besoin de rester à l'intérieur des limites de ma propre conscience.

J'ai alors éprouvé un sentiment de plénitude. C'était bon. Je me sentais entièrement présente au moment que je vivais. Je me sentais entièrement moi-même. Il n'y a pas si longtemps, c'est le désir de Luc qui aurait pris toute la place, et la conscience que j'avais de moi-même aurait été reléguée à l'arrière-plan. Mais ce matin-là, la vraie Laura précisait sa différence, s'affirmait. Je savais qui j'étais. Je savais que j'avais la possibilité de combler mon désir : me concentrer sur le travail que j'avais à accomplir. J'avais ainsi la capacité de me protéger. Ma colère est tombée. Je n'avais plus besoin de me replier sur moi-même.

Que Luc éprouve du désir pour moi, je n'y peux rien. Ce désir appartient à une personne distincte de moi. Ce n'est pas un sentiment qui m'habite pour l'instant. Je ne me sens pas obligée d'éprouver le même sentiment. Je n'ai pas à arranger les choses pour qu'elles plaisent à Luc. Luc sait ce qu'il a à faire. Je n'ai pas à intervenir. Je n'ai pas à être fâchée contre lui parce qu'il éprouve ce sentiment. Je ne me sens même pas obligée de voir à ce qu'il ne l'éprouve plus.

J'ai levé les yeux sur Luc pour constater qu'une distance nous séparait. Luc est un être humain complètement distinct de moi; ses sentiments, ses perspectives lui appartiennent en propre. Il est unique et est parfaitement capable de fonctionner sans mon aide. Je n'ai aucunement le droit d'essayer de contrôler cet être humain. C'est un privilège que de sentir ainsi un regard d'amour sur soi.

À chaque fois que je prends le temps de conscientiser ces choses, je sens que mon amour pour Luc s'approfondit. Et dire que j'ai déjà cru que l'intimité consistait à me fusionner à un autre. Aujourd'hui, je pense exactement le contraire. Nous sommes deux êtres autonomes. Nous rencontrer aujourd'hui est une bénédiction, un cadeau du ciel.

Je suis étonnée de voir comment cette conception de l'intimité affecte notre relation amoureuse. Être touchée par Luc a quelque chose de merveilleux. Quand Pierre me berçait dans ses bras, je sentais en mon âme tous ces vides qui se remplissaient et ça me soulageait.

Mais, mon manque était incommensurable. Quand Luc me tient dans ses bras, mon âme sent qu'on la nourrit. Ce n'est plus une question de vie ou de mort. Et c'est beaucoup mieux ainsi. Parce que nous avons conscience de ce qui nous distingue, nous avons aussi conscience de toute la richesse que véhicule notre relation. Je ne crois pas être capable d'expliquer rationnellement ce que je ressens.

Quand on n'a pas de frontières...

Le témoignage de Laura montre comment une personne passe d'un état défensif, où les frontières s'improvisent selon les besoins de protection, à un état de pleine conscience de l'existence de ses frontières. Ceux qui n'ont pas de frontières n'ont d'autres choix que de se rabattre sur des mécanismes de défense et ceux-ci se manifestent de bien des façons. Citons notamment le repli sur soi, le contrôle, la diversion, l'humour, la sexualité, la rationalisation, l'intellectualisation, le perfectionnisme, les menaces, la froideur, la mièvrerie, une obsession maladive du bien-être de l'autre, imposer des règles arbitraires, retourner la situation pour que l'autre en endosse la responsabilité, crier des injures, faire preuve d'un esprit étroit et tranchant — bref, tout ce qui permet de fuir les sentiments, de couper court à la communication. Il n'y a qu'une seule alternative valable : exprimer le sentiment qui nous habite.

Et voici maintenant une petite histoire qui traite de mécanismes de défense.

Joseph versus Françoise

« Je t'aime profondément », murmure Joseph.

« Il faut que je passe prendre les enfants », réplique Françoise.

Joseph sort en claquant la porte. Il va droit au garage où il se prépare à changer l'huile du moteur de sa voiture. Quand Françoise le salue, il lui répond par un vague grognement.

Françoise, qui sent tout le mépris de cette attitude, se fâche contre lui, contre le monde entier. Elle pense : « Pourquoi faut-il que je fasse tout moi-même? Je véhicule les enfants, je fais le ménage, je prépare les repas. Il a toujours le nez dans le moteur de cette maudite voiture. Ce soir, il aura probablement envie de faire l'amour. Mais il n'en est pas question. » En fait, Françoise ne sent pas du tout que Joseph est près d'elle en ce moment. Elle est même certaine qu'il n'a aucune idée du dur moment qu'il lui fait vivre.

Réécrivons ce scénario en tenant compte des frontières.

Joseph et Françoise

« Je t'aime », murmure Joseph.

« Il faut que je passe prendre les enfants », réplique Françoise.

« Un instant, Françoise », reprend Joseph. « As-tu entendu ce que je viens de dire? »

« Tu as dit quelque chose? »

« J'ai dit que je t'aimais. Je veux que tu prennes le temps d'écouter ce que je te dis en ce moment. Prends une minute et accueille mes paroles. Tu iras chercher les enfants après. »

Françoise regarde Joseph dans les yeux. « J'aimerais bien, mais je me sens tellement bousculée par le temps. J'ai un million de choses à faire avant que maman n'arrive ici. »

« Holà! Tu n'es pas toute seule. Je peux aider. »

« Il faut que je ramasse les enfants, que je passe à l'épicerie, que je prépare le repas, que je fasse du ménage et que je transplante les tomates. »

« Pas besoin de faire tout cela à la perfection », lui dit Joseph. « On pourrait acheter des salades et des viandes froides. Et puis on s'arrangerait pour que les enfants nous donnent un coup de main afin de mettre de l'ordre dans le boudoir. Les tomates peuvent attendre jusqu'à demain. Il nous resterait même un peu de temps pour nous asseoir sur le balcon avec une eau Perrier et regarder bouger nos orteils en attendant ta mère. Tiens! je passe chez le traiteur et tu vas chercher les enfants. »

Françoise sourit : « J'aimerais mieux m'occuper de la nourriture. »

Joseph ajoute en riant : « Je cours chercher les enfants et je les mets au travail dans le boudoir. »

Françoise plonge son regard dans celui de Joseph. « Je t'aime », dit-elle.

Joseph lui répond avec son plus beau sourire : « Je t'aime aussi. Mais n'oublie pas le Perrier et les limettes. »

Tout n'a pas besoin d'être parfait

Est-ce que cette scène est plausible dans le monde imparfait où nous vivons? En fait, la conscience des frontières fait toute la différence. Le second scénario montre comment la réponse de Françoise n'a altéré ni l'humeur ni le sentiment amoureux de Joseph. Le désarroi de Françoise était une chose; l'amour de Joseph, une autre. Joseph a clairement exprimé ce qu'il voulait, ce qui est l'une des manifestations d'une frontière. Il a pu faire comprendre à Françoise qu'il souhaitait qu'elle accueille son message. Et pour ce faire, il n'a éprouvé ni le besoin de contrôler Françoise ni le besoin de lui inculquer son message de force. Joseph est resté le même en dépit du fait que Françoise n'a pas répondu sur-le-champ à sa demande d'écoute.

Pour sa part, Françoise eu le loisir d'entrer en contact avec elle-même, ce qui lui a permis de se rendre compte qu'elle avait laissé son inquiétude prendre le dessus sur son désir d'accueillir l'amour de Joseph. Elle a aussi eu le temps d'exprimer son désarroi et de reconnaître ce qui les séparait l'un et l'autre. Ainsi, elle a pu aborder le problème sous son vrai jour.

L'estime de soi de Joseph n'étant point affecté, il eut le loisir de reconnaître la réalité du stress de sa femme, d'examiner la question sous un autre angle. En conséquence, il fit passer le besoin de sa femme avant son besoin d'être reconnu et proposa une solution alternative.

Françoise en est venue à reconnaître que les choses n'avaient pas nécessairement à être réalisées à sa manière. Elle pouvait en effet partager les tâches avec son mari. Son moi ne se sentit plus lié à la nécessité de tout faire par elle-même. Plus besoin de préparer un repas compliqué, de voir à ce que la maison soit parfaitement en ordre pour la visite de sa mère. Ne se sentant donc plus bousculée par le temps, elle s'ouvrit à Joseph, l'accueillit, prit le temps de sentir l'amour qu'il lui portait. Cette minute d'intimité a mis du soleil dans leur vie et a permis à chacun de vaquer à ses occupations pour le reste de la journée.

L'intimité est simple à réaliser : il suffit de deux personnes ayant des frontières clairement établies. Ce qui veut simplement dire que ces deux êtres ont réglé les problèmes de leur enfance, qu'ils sont en mesure de formuler clairement les sentiments qui les habitent, qu'ils acceptent d'envisager les vrais problèmes tout en conservant leur individualité. L'intimité grandit avec le temps et se mesure à la profondeur de l'engagement.

Ça vous intéresse? Alors, lisez ce qui suit.

◆ 9 ◆

L'affirmation de son individualité

Comment construire ses frontières

Il n'est jamais trop tard pour construire vos frontières. En fait, des frontières saines ne peuvent qu'améliorer les choses, surtout si vous jugez que votre vie est dans un état lamentable. Commencez par mettre en pratique les trois conseils suivants. Vous ne tarderez pas à obtenir des résultats.

- Prenez davantage conscience de ce que vous êtes.
- Identifiez les violations de frontières de votre enfance, nommez-en les auteurs, ressentez pleinement les sentiments que ces violations ont fait naître, demandez de l'aide pour régler les torts qu'on vous a causés.

- Faites le bilan de vos relations actuelles à la lumière de ce que vous savez sur les frontières. Redressez les situations qui vous semblent problématiques.

« Ça n'a pas l'air très compliqué », direz-vous. En fait, ce n'est pas aussi simple. Ce chapitre comporte une série d'exercices qui vous aideront à surmonter les difficultés que vous ne manquerez pas d'éprouver si vous tentez l'aventure. Abordez ces suggestions séparément ou les trois en même temps, ça n'a pas d'importance. En approfondissant l'une des facettes de vos frontières, vous en éclairerez d'autres. Règle générale, les différentes violations de frontières de votre enfance se précisent à mesure que vous acquérez une meilleure conscience de vous-même. Quand vous soignez les violations d'hier, vous consolidez vos frontières intérieures et, ainsi, vous apprenez à en créer de nouvelles dans vos relations actuelles.

Informez également quelques amis de confiance de la démarche que vous entreprenez, sollicitez leur appui. Ils prêteront une oreille attentive à vos découvertes, ils vous aideront à traverser les moments difficiles, ils vous encourageront à prendre de nouveaux risques.

Prenez davantage conscience de ce que vous êtes

Précisez l'idée que vous avez de vous-même. Prenez pleinement conscience des frontières qui départagent ce que vous êtes de ce qui n'est pas vous.

Exercice 9.1

1. Procurez-vous un carnet de notes et gardez-le sur vous.
2. Pendant une semaine, examinez en quoi vos attitudes et vos comportements vous distinguent des gens autour de vous.
3. Relevez les moments où votre opinion a différé de celle d'un autre. Dans votre carnet, notez brièvement ces situations, précisez votre opinion actuelle. Compilez les situations. Dressez une liste des opinions.
4. Après une semaine, lisez votre carnet.
5. Partagez cette expérience avec un ami de confiance qui est capable d'une bonne écoute, non un ami dont les commentaires approuvent invariablement votre point de vue ou un ami qui essaiera de vous convaincre d'adopter ses opinions.

Exercice 9.2

1. Écoutez une entrevue télévisée. Quand vous êtes d'accord avec un commentaire, exprimez-le ouvertement. Quand vous ne l'êtes pas, faites-en part à la personne qui l'a formulé. Si besoin est, levez-vous, gesticulez, haussez le ton.
2. Partagez cette expérience avec un ami.

Exercice 9.3

1. Vous visitez des amis. Au cours d'une conversation, prenez mentalement note des moments où vos opinions diffèrent.
2. Faites part à votre interlocuteur de votre désaccord. Expliquez votre point de vue.
3. La conversation terminée, excusez-vous, puis retirez-vous dans un coin tranquille pour récupérer du stress que cette expérience a sans doute généré.
4. Partagez cette expérience avec un ami de confiance, le plus rapidement possible.

Exercice 9.4

1. Dites à un ami que vous n'êtes pas d'accord avec ce qu'il affirme. Prenez mentalement note des moments où vos opinions diffèrent et faites-lui-en part.
2. Ne pas vous inquiéter si vous éprouvez des difficultés à affirmer votre désaccord. Voici quelques phrases qui vous aideront à surmonter cette difficulté :

   « Ce n'est pas facile de te dire ça, mais je vois les choses différemment. »

   « J'ai peur de te le dire, mais je ne suis pas d'accord avec ce que tu affirmes. »

   « Je respecte ton opinion mais, dans ce cas-ci, je pense autrement. »
3. L'interaction terminée, discutez de cette expérience, parlez des sentiments que vous avez éprouvés, avec cet ami ou une personne de confiance.

Exercice 9.5

1. Pendant 24 heures, vous allez examiner comment vous réagissez quand un besoin se manifeste. Par exemple, vous avez soif. Vous servez-vous à boire sur-le-champ? Prenez-vous plutôt le temps de régler un autre problème avant d'aller boire? Faites-vous semblant que vous n'avez pas soif? Quand vous éprouvez de la fatigue, est-ce que vous vous reposez ou insistez-vous pour d'abord terminer ce que vous êtes en train de faire? Quand vous avez besoin d'écoute, sollicitez-vous un ami ou prétendez-vous que ce n'est pas important? Prenez-vous le temps de faire part à quelqu'un de votre besoin d'affection? Si vous ignorez vos besoins, que faites-vous pour compenser ce subtile abus? Est-ce que vous compensez votre manque avec de la nourriture ou de l'alcool? Est-ce que vous vous consolez en faisant des achats compulsifs?

   Portez attention à vos besoins tant émotionnels que physiologiques. Chaque fois que vous comblez un besoin, dessinez une étoile (✳) dans votre carnet. Chaque fois que vous niez ou ignorez un besoin, faites un crochet (✓).

   Au bout de 24 heures, effectuez le décompte des étoiles (✳) et des crochets (✓). Quelles conclusions tirez-vous des résultats?

2. Au cours des prochaines 24 heures, vous allez, dans la mesure du possible, répondre sans hésiter à tous vos besoins physiologiques. Par exemple, si vous éprouvez de la fatigue au travail, trouvez le moyen de vous reposer quelques instants. Allez marcher

dehors ou fermez la porte de votre bureau et posez votre tête sur votre table de travail. Si c'est possible, rendez-vous dans la salle de repos des employés et étirez-vous quelques minutes.

Au bout de 24 heures, prenez le temps d'examiner comment vous vous sentez. Le fait d'avoir répondu ainsi à vos besoins physiologiques a-t-il changé quelque chose dans votre vie?

3. Partagez cette expérience avec un ami de confiance.

4. Au cours des prochaines 24 heures, vous allez répondre, le plus rapidement et le plus complètement possible, à tous vos besoins émotionnels. Peut-être avez-vous besoin d'écoute? Téléphonez à un ami, exprimez-lui votre besoin. Avez-vous besoin d'affection? Demandez à une personne de confiance de vous prendre dans ses bras. Avez-vous besoin de solitude? Trouvez un coin tranquille. Avez-vous besoin d'être en présence d'une personne qui vous fait du bien? Arrangez-vous pour la rencontrer.

   Au bout de 24 heures, prenez le temps d'examiner comment vous vous sentez. Le fait d'avoir répondu ainsi à vos besoins émotionnels a-t-il changé quelque chose dans votre vie?

5. Partagez cette expérience avec un ami de confiance, ou avec votre thérapeute.

6. Discutez avec votre ami, ou votre thérapeute, de la manière dont vous pourriez, jour après jour, répondre à vos besoins physiologiques et émotionnels. Répétez les exercices deux à cinq, en prolongeant la période de 24 heures à une semaine.

7. Discutez avec votre ami, ou votre thérapeute, des pensées qui vous viennent à l'esprit quand vous vous sentez incapable de répondre à vos besoins dès qu'ils se manifestent. Si vous êtes en thérapie, prenez le temps d'examiner ces blocages. Éliminez-les et vous vous libérerez, vous vous sentirez mieux.

   Apprendre à répondre naturellement à vos besoins est doublement enrichissant. D'une part, vous gagnez en efficacité. Vous reposer quand vous en ressentez le besoin signifie que vous récupérerez beaucoup plus vite lorsque vous serez exténué. D'autre part, vous renforcerez l'unité de votre personnalité, ce qui clarifie et développe vos frontières.

Les violations de frontières de l'enfance

Vous entreprenez ici une opération délicate. Un thérapeute familier avec le processus des frontières sera un guide précieux. Il appuiera votre quête et vous aidera à mesurer l'ampleur des dégâts. Un thérapeute compétent créera un lien de confiance qui vous permettra de vous réapproprier et d'assumer pleinement toute la gamme des émotions associées aux viols de frontières et aux abus que vous avez subis.

Quand un enfant s'érafle le genou, il est heureux qu'on l'aide à se relever, qu'on nettoie sa blessure, qu'on lui dispense des paroles réconfortantes. Il en est de même quand on a subi un viol de frontière. Il est réconfortant d'avoir de l'aide pour panser ses blessures émotionnelles.

Le processus de guérison peut être assez long. Supposons que vous ayez vécu dix-sept ans au sein d'une famille dysfonctionnelle et que vous ayez subi quelque vingt violations de frontières quotidiennement. Cela fait 124 100 violations!

À ceux qui ont, pendant 30 ou 40 ans, vécu la peur au sein de familles dysfonctionnelles, je dis qu'avec une ou deux heures de thérapie par semaine, on retrouve une vie normale au bout de six ou sept ans. Pour certains d'entre vous, cela peut sembler beaucoup, mais je vous assure que ce cheminement en vaut la peine. On accède à une vie nouvelle, une vie comportant des relations enrichissantes, une vie de confiance en soi.

Exercice 9.6

1. Dressez la liste des personnes qui ont marqué votre enfance, des gens que vous aimiez particulièrement, des personnes en position d'autorité. Par exemple, maman, papa, oncle Fernand, mon grand frère Patrick, tante Virginie.
2. Dressez ensuite la liste des violations de frontières, graves ou bénignes, que ces personnes vous ont fait subir. Incluez les violations émotionnelles et physiologiques de proximité ou d'éloignement.

   N'oubliez pas que d'avoir été négligé du point de vue émotionnel est en soi une violation de frontière. Parlez aussi des triangulations que vous avez vécues, des moments où l'on exigeait que vous vous comportiez en adulte ou encore de ceux où vous avez eu à prendre soin d'un adulte (père, mère ou autre).

3. Montrez maintenant cette liste à votre thérapeute ou à un ami de confiance. Laissez monter les sentiments de tristesse et de colère. Identifiez les manques qui en ont résulté. Permettez qu'on vous console.

4. Cette expérience vous a sans doute vidé de vos énergies. Prenez une journée de congé. Faites quelque chose qui vous plaît et qui n'exige aucun effort (faire une promenade, déambuler dans un jardin, préparer sa tisane préférée et s'étendre en écoutant de la musique). Reposez-vous. Vous le méritez.

5. Il est parfois nécessaire de refaire plusieurs fois cet inventaire. Il est aussi des moments où on a l'impression que sa thérapie se résume en un vaste inventaire de violations anciennes et profondes. Mais plus on persiste, plus on domine son passé. Chaque fois que vous acceptez d'explorer, d'exprimer, de ressentir, de dire votre besoin de réconfort, vous renforcez votre moi intérieur, vous consolidez vos frontières.

Clarifier les frontières du présent

Passez en revue les relations que vous entretenez avec ceux qui dépendent de vous

Passez en revue les liens qui vous unissent à vos enfants, à vos subordonnés au travail, à vos clients ou à toute autre personne confiée à vos soins. Les considérez-vous comme des égaux?

Vous comportez-vous avec vos enfants comme avec vos amis? Vous attendez-vous à ce qu'ils prennent soin de vous? Un enfant ne peut être votre égal, pas plus qu'il ne peut vous materner. Un jour, la situation sera peut-être inversée et vos enfants auront effectivement à s'occuper de vous. Viendra alors pour eux le temps des décisions déchirantes. Mais d'ici à ce que vous soyez en perte d'autonomie physique ou mentale, les décisions que vos enfants sont appelés à prendre ne devraient toucher que leurs besoins, pas les vôtres. Ce qui ne veut évidemment pas dire que vous ne devez pas avoir d'amis, car c'est bien auprès de ses amis que l'on peut obtenir quelque réconfort.

Participez-vous à des activités sociales organisées par et pour des clients ou des subordonnés? Discutez-vous de vos problèmes personnels avec vos employés ou vos clients? Allez-vous fréquemment dîner avec vos employés? Êtes-vous impliqué dans des organismes communautaires où œuvrent aussi vos clients? Sollicitez-vous les confidences intimes de vos subordonnés?

De telles actions brouillent vos frontières. Si vous vivez ce genre de difficultés, parlez-en à un ami, un collègue, un religieux, un membre de votre groupe de recouvrance, un thérapeute. Encouragez aussi vos subordonnés à rechercher de l'aide de la même façon. Si, un jour, vous prêtez l'oreille aux confidences de quelqu'un que vous encadrez et que, le lendemain, vous devez lui adresser des remontrances, vous serez tous deux plongés dans l'embarras. Entre confidents, on s'ouvre en toute confiance et sans réserve. Mais quand il y va des intérêts de l'entreprise, cette confiance est alors reléguée au second rang.

Si vous faites de l'un de vos clients un conseiller intime, c'est lui qui finira par ne plus vous consulter. Ne vous rencontre-t-il pas parce qu'il a besoin de vos services, de votre aide? En fait, vous sapez les bases mêmes de votre relation. Vous finirez sûrement par perdre ce client.

Une pratique couramment répandue en Amérique est de socialiser avec ses clients. Qu'en est-il des frontières dans tout cela?

Prenons l'exemple de la pasteure Linda Turgeon et de son mari. Christiane et Martin Miller les fréquentent régulièrement. Ils appartiennent à la même confession. Ils dînent ensemble et jouent aux cartes. Ils sont somme toute très liés, Linda et Christiane particulièrement. Tout ce beau monde part en voyage. Ils échangent toutes sortes de confidences et s'amusent comme des fous. Un jour, cependant, Martin demande à rencontrer Linda à l'église. Il lui avoue qu'il a commencé à fréquenter une autre femme et n'a pas l'intention de renoncer à cette relation. Martin, ne sachant pas s'il doit en faire part à sa femme, a pris la liberté de s'adresser d'abord à Linda, qui est conseillère spirituelle. Linda est donc placée dans une situation intenable : il lui faut choisir entre l'éthique que lui dicte son rôle d'animatrice de pastorale et la loyauté qu'elle témoigne à Christiane.

Citons un autre exemple. Vous êtes avocate. Esther Grondin vous consulte pour son testament et vous demande d'être sa liquidatrice. Elle n'a pas les moyens de régler vos honoraires, mais, en échange de services rendus, elle vous propose de s'occuper de l'entretien de votre jardin. L'entente est conclue. Vous rédigerez le testament et administrerez ses biens après sa mort; Esther, pour sa part, vous dressera les plans d'un joli aménagement paysager et l'entretiendra selon les saisons. Esther Grondin n'a pas beaucoup de capital, mais elle a des bons en fidéicommis qui seront distribués sur dix années à ses enfants après sa mort.

L'été s'écoule et les travaux d'Esther n'avancent guère. Elle promet de venir et ne se pointe pas. Devant votre bureau, le gazon pousse inégalement. Esther n'est pas très portée sur le sarclage et la mauvaise herbe envahit les massifs de pétunias; des plants morts encombrent les bosquets. Votre colère monte d'un cran quand vous vous apercevez qu'Esther a déraciné une clématite qu'elle a confondue avec de la mauvaise herbe, ce merveilleux plant de clématite que votre grand-mère avait planté il y a longtemps. Mais quand vous regardez le cercle jaunâtre de deux mètres de diamètre qui trône au milieu de la cour parce que Esther a vidé par mégarde un sac de fertilisant, vous décidez que trop c'est trop. Vous allez appeler Esther et lui dire que vous ne voulez plus être sa liquidatrice. Au bout du fil cependant, on vous annonce qu'Esther vient de rendre l'âme. Et vous voilà condamnée à dix ans de travaux forcés en administration. Cinq ans plus tard, le cercle jaunâtre trône toujours au milieu du jardin. Comment vous sentez-vous?

Imaginez maintenant que vous êtes la thérapeute d'Esther. Elle saccage votre bien et vous êtes censée l'accueillir avec le sourire. Changeons les rôles. Imaginez que vous êtes l'amie d'Esther et que vous l'avez engagée pour le jardinage. Qu'en sera-t-il de votre amitié?

Confondre son rôle de professionnel (avocat ou cadre) avec celui d'une franche camaraderie trouble la paix des frontières. Il finit toujours par arriver une situation où l'on se voit forcé de choisir entre sa carrière et son amitié.

Mais quelle attitude adopter si on habite dans une petite ville ou sur une île? La population y est restreinte et l'on confond volontiers amis, clients, employeurs. Il est donc possible que vous n'ayez d'autre choix que de brouiller les frontières pour répondre à vos besoins. Toutefois, restez conscient qu'un jour, peut-être, vous aurez à faire des choix difficiles. Si vous faites fi des conseils ici exposés, sachez que vous ouvrez la porte à des malentendus déplaisants, comme le ressentiment d'un employé, l'éloignement définitif d'un être cher qui était à la fois votre ami et votre client.

Passez en revue les relations que vous entretenez avec ceux dont vous dépendez (thérapeute, conseiller, supérieur)

Recherchez-vous l'amitié de votre supérieur, de votre thérapeute, de votre avocat, d'un religieux? Un jour ou l'autre, la confusion des rôles créera des conflits. Par exemple, essayez simplement et en toute franchise de dire à votre thérapeute que vous espérez son amitié en dehors de vos rencontres professionnelles. S'il entretient de solides frontières, il vous aidera sûrement à comprendre les vrais motifs qui se cachent derrière ce désir d'amitié, tout en demeurant clairement à l'intérieur des limites d'une relation thérapeutique.

Vous dites que votre superviseur est un « grand ami ». Eh bien! Imaginez ceci. Vous lui avez confié l'autre jour à quel point vous attachiez de l'importance aux vacances que vous allez bientôt prendre. Votre mariage s'en va à la dérive et ce sera l'occasion ou jamais de retrouver l'intimité perdue. Deux jours avant les vacances, votre patron anéantit vos projets. Il a absolument besoin de vous. Un contrat important, inattendu, et vous êtes la seule personne compétente pour le prendre en charge. Votre supérieur est-il toujours votre « grand ami »? Comment vivez-vous la loyauté que vous avez envers l'entreprise qui vous emploie?

Votre avocat est un « ami de la famille ». Votre mari vous annonce un jour qu'il veut divorcer et qu'il va se battre pour obtenir la garde des enfants. Comment réagissez-vous quand vous apprenez que c'est « l'ami de la famille » qui va défendre ses intérêts?

Votre généraliste est un « grand ami ». Il vous annonce un jour que vous devez très vite subir une mastectomie. Vous préférez avoir un peu de temps pour obtenir l'avis d'un deuxième expert. Comment vous sentez-vous?

Commencez-vous à comprendre que lorsque vous mêlez relations professionnelles et amitié, la loyauté ne tient plus. Il surviendra toujours quelque situation pour affaiblir les liens qui vous unissent. Au bout du compte, les amis finissent le plus souvent par ne plus vous parler.

Passez en revue les relations que vous entretenez avec vos pairs

Les exemples suivants illustrent des situations potentiellement embarrassantes :

- Employer un ami.
- Vendre un service ou un objet à un ami.
- Acheter un service ou un objet d'un ami.
- Deux de vos grands amis sont sur le point de se marier. Si vous vous confiez à l'un, comment être sûr que l'autre ne sera pas mis au courant de vos confidences? Comment réagissez-vous quand l'un deux vous confie un secret qui, vous le savez, fera souffrir l'autre?

Comment faire du ménage dans ses frontières

Ça y est! Vous avez passé vos relations à la loupe et vous vous rendez compte que la confusion règne. Vous entretenez des relations d'égal à égal avec votre avocat, et plusieurs de ceux que vous supervisez sont plus ou moins vos amis. « Que voulez-vous, je ne savais pas... », dites-vous. C'est que vos intentions étaient pures.

1. Revenez sur les relations qui causent des problèmes et décidez : de l'ami ou du professionnel, à quel rôle attachez-vous le plus d'importance?
2. Abordez la question avec cet ami et faites-lui part de votre désir de changement.
3. S'il a déjà entendu parler de frontières, il comprendra assez rapidement. Si tel n'est pas le cas, offrez-lui une copie de ce livre. Laissez-lui le temps de digérer tout ça. Il vous communiquera sous peu le résultat de ses réflexions et vous dira ce qui lui paraît souhaitable.
4. Prenez soin de bien définir les bases de votre nouvelle relation. Profitez-en pour apprendre à exprimer vos émotions, à écouter l'autre. Vous en sortirez tous deux grandis.

Voici comment les choses pourraient se dérouler. Marie-France est votre meilleure amie, mais aussi votre avocate. Posez-vous la question : est-ce que je la veux comme amie ou comme avocate? Si vous optez pour la relation professionnelle, faites-lui-en part. Expliquez-lui que vous venez de lire un livre qui vous a révélé les traquenards d'une relation où les rôles sont entremêlés. Dites-lui que ce n'est pas que vous n'avez aucune estime pour elle; c'est simplement que vous ne pouvez vous passer de ses services comme avocate. C'est pourquoi vous souhaitez donner une tournure plus professionnelle à vos échanges.

Marie-France se sentira peut-être blessée. Elle pourrait même vivre du rejet. Il se peut d'autre part qu'elle tente de négocier en avançant : « Mais j'aime mieux être ton amie que ton avocate. Je connais d'ailleurs un ou deux collègues qui font de l'excellent travail. »

Qu'en dites-vous? Êtes-vous prêt à reconsidérer votre décision?

Décidez ce que vous voulez vraiment

Exprimez-le. Il faut une bonne dose d'honnêteté et de courage pour faire bouger les choses dans une relation. Si Marie-France sait être responsable de ce qu'elle vit et fait preuve d'intégrité, vous parviendrez sûrement à un compromis qui vous permettra de vivre une relation satisfaisante ensemble.

Supposons maintenant que votre patron, ou votre contremaître, a aussi la charge de promouvoir les activités sociales de l'entreprise. Un jour, il vous invite à vous ouvrir, à parler de votre vie privée.

Je vous suggère de prendre le temps de lui expliquer que vous croyez qu'il n'est pas sain de mêler vie privée et travail. Vous avez peur que cela affecte votre rendement. En fait, vous souhaitez ne participer qu'aux activités qui relèvent directement de votre travail, comme le pique-nique annuel de l'entreprise ou un déjeuner avec le comptable. Vous aimez mieux garder votre vie privée pour vous et maintenir vos relations avec lui sur une base strictement professionnelle. Si cette personne est saine et à l'écoute, elle comprendra. Si tel n'est pas le cas, c'est son problème, pas le vôtre.

Il se peut alors que vous redoutiez que cette situation ne dégénère et que votre emploi soit en péril. Consultez un thérapeute. Il est facile de réagir négativement à un superviseur qui a des problèmes personnels, comme vous le faisiez jadis face aux déficiences de vos parents. Votre thérapeute vous aidera, d'une part, à établir une ligne d'action qui apporte la sécurité du point de vue professionnel et, d'autre part, à explorer les motifs que cachent vos réactions.

Une entreprise malade

Il est triste de constater que des patrons au comportement malsain usent, parfois inconsciemment, de leur pouvoir pour combler leurs besoins. La corruption de certains patrons contamine malheureusement toute l'entreprise. Je suis toujours étonnée de constater que beaucoup de dirigeants refusent d'associer ce fait au piètre rendement d'une entreprise. Un directeur de service qui abuse de l'alcool, qui souffre de dépendance affective ou qui est doté d'une personnalité compulsive, peut miner considérablement le moral et le rendement de tout un département. Il n'est même pas nécessaire qu'il connaisse personnellement les gens qu'il dérange. Faites entrer cette personne en thérapie et vous rehausserez le rendement de toute l'équipe du bureau.

Si vous soupçonnez que ce genre de maladie sévit dans votre organisation, vous pouvez toujours essayer de remodeler la base de vos relations avec vos employés tout en bonifiant celles que vous entretenez avec vos supérieurs. Vous ne serez peut-être pas capable d'identifier comment, mais vous verrez, assez rapidement, que l'on répond positivement à ces changements. Avec des frontières clairement définies, il est possible de traverser les tempêtes sans perdre le nord. Qui sait, vous serez peut-être une oasis de paix au cœur d'un univers chaotique.

Il est également possible que vous n'ayez d'autre choix que de changer de département, voire d'emploi. Dites-vous que vous aurez à tout le moins appris à identifier ce que vous recherchez : une entreprise où la communication occupe une place de choix, où l'on accorde de la considération à la recouvrance et où les cadres se soucient des relations humaines; bref, une entreprise où les frontières sont respectées.

Remettez de l'ordre dans vos frontières avec vos parents, avec vos enfants

Si vous êtes de ceux qui prenez soin de vos parents, vous pouvez renoncer à ce rôle; à moins, bien sûr, qu'ils ne soient pas capables d'autonomie. (Encore là, il existe des spécialistes qui peuvent s'occuper d'eux.) N'hésitez pas à les confronter à votre décision. S'ils refusent de reconnaître votre point de vue, occupez-vous d'abord de vous-même.

Vous avez une bonne idée des attitudes et des comportements auxquels vos parents auront recours pour maintenir le statu quo. Plusieurs réagiront positivement à une honnête confrontation. D'autres accepteront même d'accompagner leur enfant en thérapie, si ça peut arranger les choses. Mais il en est qui auront besoin de vérifier votre refus avant de comprendre que vous êtes sérieux. *Les gens du mensonge*, de Scott Peck, montre bien les conséquences de faire des choix malsains et équivoques.

Agissez selon ce qui vous convient

Si vos parents s'entêtent, un thérapeute pourra vous aider à déterminer un plan d'action. Quand on refuse de céder au chantage et aux manipulations, on acquiert beaucoup de pouvoir. Une thérapie, les mouvements Dépendants Affectifs Anonymes et Al-Anon vous aideront à comprendre les raisons qui font que vous vous êtes toujours accommodé des problèmes de vos parents. Ils vous indiqueront la voie à suivre. Vous serez surpris de la rapidité avec laquelle on parvient parfois à faire bouger les choses.

Si, finalement, vos parents décident de ne pas respecter votre démarche, ne vous faites pas d'illusions : vous aurez à en faire votre deuil. Cela peut prendre un certain temps. Il s'agit bel et bien d'un deuil : celui de votre croyance en une vraie famille. C'est pourquoi il faut parfois vous créer de toutes pièces une famille parmi des gens qui n'ont aucun lien de parenté.

L'un de vos parents persiste-t-il à violer vos frontières par des attitudes, des comportements inadéquats? Il pose des questions indiscrètes, il arrive sans avoir été invité, il se livre à des essais de triangulation avec votre conjoint, votre épouse, vos enfants. Le fait que vous ayez affaire à un parent plutôt qu'à un étranger ne devrait en rien changer votre attitude : vous n'avez pas à supporter l'inconscience ou l'insolence d'autrui.

Refusez carrément de répondre à une question. Insistez pour que votre parent ne vous visite pas à l'improviste; interdisez-lui l'entrée, s'il n'a pas été invité. Vous pouvez aussi vous expliquer avec votre conjoint et votre parent face à un problème de triangulation.

Si vous êtes un parent qui s'en est toujours remis à ses enfants, allez vers quelqu'un d'autre

Trouvez-vous un thérapeute. Demandez-lui de vous montrer comment on devient un bon parent.

Si vos enfants ont longtemps été blessés, il est possible qu'ils aient renoncé à l'espoir d'une relation saine avec vous. Faites-leur part de votre intention de leur faire des amendes honorables pour réparer les erreurs du passé. Dites-leur que vous souhaitez relancer vos relations sur des bases plus fonctionnelles. Gardez à l'esprit qu'une thérapie que l'on entreprend dans l'intention de guérir les blessures du passé peut être longue et douloureuse.

Le témoignage de Tina : un support moral pour sa mère

Pendant des années, ma mission a consisté à maintenir l'unité familiale. Ma mère dépendait de moi et je sentais que je portais la responsabilité de cette relation. Quand je suis partie vivre ailleurs, elle n'a pas protesté, mais elle s'est peu à peu laissée aller à la neurasthénie. Elle ne me téléphonait jamais, à moins de se sentir déprimée, au bord des larmes. Quand je revenais dans le quartier qui m'avait vue grandir, quand j'avais envie de revoir quelques amies, maman trouvait toujours le moyen d'accaparer mon temps. Peu importait comment j'organisais mon horaire, elle jugeait toujours que je n'étais jamais assez longtemps avec elle. Toutes les ressources de la manipulation lui étaient bonnes pour me voler du temps.

Pour elle, je n'avais qu'une seule raison d'exister : la supporter moralement. Chaque fois que je lui faisais part de l'une de mes inquiétudes, maman s'arrangeait pour retourner la situation en sa faveur et nous finissions par discuter de ses problèmes. Je me rappelle ma première peine d'amour. Je ne l'aurais certainement pas confiée à ma mère. Il y avait belle lurette que je savais que je ne pouvais pas lui dire ce genre de chose. Et pourtant, elle ne cessait de me répéter : « Tu ne me dis jamais ce que tu penses. »

La dernière fois qu'elle a laissé tomber cette remarque, je lui ai répliqué : « Maman, quand j'essaie de t'en parler, tu n'écoutes pas. Tu ramènes tout à tes seuls problèmes. Mon besoin finit toujours par dévier vers ton besoin. Tu draines littéralement toutes mes énergies. » Les mots étaient sortis spontanément de ma bouche. Je n'avais pas réfléchi. Il faut dire que, depuis quatre ans, je suivais une thérapie et j'apprenais à ne plus m'en laisser imposer.

« Ce n'est pas vrai », protesta-t-elle.

Je suis restée muette. Au bout d'un certain temps, elle me dit : « Donnerais-tu une seconde chance au coureur? »

J'ai hésité pendant quelques minutes. Et puis, je me suis décidée : « Je m'en fais pour Claude. Je ne suis pas sûre de pouvoir me fier à ce qu'il dit. Depuis que nous sommes ici, il fréquente le bar où il allait autrefois pour rencontrer des filles. »

Maman a tout de suite répliqué et je n'en croyais pas mes oreilles : « Je sais ce que tu veux dire, c'était pareil avec ton père. » Et puis elle s'est mise à pleurer.

J'ai rétorqué : « Regarde, maman, tu vois bien que je ne peux rien te dire. »

Les larmes ont cessé sur-le-champ. « Tu as raison », a-t-elle constaté. Sa déroute était sincère. Elle venait enfin de prendre conscience de sa déficience.

Peu après, je lui ai fait comprendre que je n'avais nullement l'intention de lui enseigner les rudiments de la communication et j'ai même ajouté que si elle voulait avoir de mes nouvelles, il lui revenait de prendre l'initiative. Quand elle a compris que j'avais résolu de couper court à toute forme de manipulation, elle a dit : « Mais si tu ne m'apprends pas à communiquer sainement, qui donc le fera? »

J'ai répondu : « Il y a des tas de gens qui ne font que ça dans la vie et je ne fais pas partie de ce groupe-là. »

« Qui sont ces gens? » a-t-elle demandé.

« Des thérapeutes, des gens qui donnent des ateliers de croissance. Cherches, tu trouveras. » Elle a bien essayé de me manipuler, mais j'ai résisté à tous ses assauts. Je me sentais si forte et sûre de moi. Le plomb qui m'alourdissait autrefois l'estomac, quand nous avions ce genre de discussion, avait totalement disparu.

Je suis rentrée chez moi. Quatre jours plus tard, maman entrait en thérapie. Six mois plus tard, elle était en traitement. Quand elle est venue par la suite me visiter, nous avons passé six longues et pénibles heures en thérapie.

Notre relation en a été complètement renouvelée. J'éprouve aujourd'hui tellement de respect pour ma mère. Son courage m'impressionne. Elle s'est prise en main, elle a développé de solides amitiés. C'est extraordinaire de la voir aller.

Le témoignage de Micheline : la mère de Tina

Je suis la mère de Tina. Je me rappelle la scène où Tina m'a prise en défaut, mais je n'avais alors aucune idée de quoi elle parlait. En fait, j'étais loin de me douter que je m'en remettais à elle pour presque tous mes besoins. Je n'avais pas réalisé que je la forçais à être la personne qui, dans notre relation, endossait toutes les responsabilités.

Je suis entrée en thérapie sans trop savoir ce que je recherchais. Je ne savais pas quoi dire. On aurait dit que je portais des œillères. J'ignorais tant de choses de la vie. Je ne connaissais pas les frontières humaines. Je ne m'étais jamais aperçue que son père l'avait sexuellement agressée. Je ne voyais pas à quel point mon irrépressible besoin d'être écoutée a fait que j'ai négligé l'éducation de Tina. J'étais physiquement présente, mais mon esprit était ailleurs et Tina s'est éduquée toute seule.

Vous n'avez pas idée de la souffrance qui se cache derrière cette réalité. C'est, de toute ma vie, la chose la plus difficile que j'aie jamais eu à accepter. Mais il m'est apparu évident que j'allais perdre l'amitié de ma fille si je n'apprenais pas à l'écouter. Aujourd'hui, j'ai développé la capacité d'accueillir tout ce qu'elle pourrait m'exprimer.

Ma thérapeute m'a montré comment on peut être une bonne mère. Imaginez, apprendre cela à 65 ans! Quand je téléphone aujourd'hui à ma fille, c'est pour savoir si elle va bien, si elle se sent bien. Je l'écoute sans jamais l'interrompre et je m'assure qu'elle a tout dit ce qu'elle avait à exprimer avant de donner mon point de vue. Je cherche surtout à partager avec elle, et non à être appuyée dans mes besoins.

La semaine dernière, j'ai demandé à Tina comment ça allait à son travail et elle a répondu : « M'man, t'as vraiment changé. C'est super! »

Je ne voulais pas entreprendre cette thérapie. Je suis d'une époque où les gens qui consultaient des « psy » étaient vus comme des incapables ou des aliénés. Personne ne devait confier ses problèmes à un étranger. Mais si je n'avais pas vaincu cette peur, si Tina ne m'avait si courageusement montré le chemin, je crois que j'aurais fini par perdre tout contact avec elle. Et j'aurais passé le reste de ma vie à me demander : « Mais que devient donc ma petite fille que j'ai un jour tant aimée? »

◆ 10 ◆

Aux outremangeurs

La nourriture et l'embonpoint semblent sécuriser

J'ai publié *Anatomy of a Food Addiction* à l'intention des outremangeurs et de tous ceux qui ont des difficultés à contrôler leur consommation de nourriture. Mon livre fait état du long combat que j'ai moi-même mené pour perdre du poids et vaincre ce problème. Mais le jour où la graisse a fondu, je me suis tout à coup sentie déroutée, désarmée, désemparée.

L'excédent de poids est en quelque sorte une frontière. Ce peut, en effet, être une façon de tenir autrui à distance, particulièrement si, au cours de notre enfance, on n'a jamais pu tenir les indésirables à l'écart. Un surplus de poids fait littéralement reculer les limites d'une frontière physiologique.

Beaucoup de ceux et celles qui ont autrefois connu l'abus choisissent de se barricader derrière une bonne couche de graisse. Ils l'utilisent en fait comme un bouclier réconfortant pour se protéger de la malveillance d'autrui.

La nourriture et l'embonpoint en sécurisent donc plus d'un. On mange parce qu'une autre personne nous menace, parce qu'elle nous demande plus que nous pouvons donner, parce qu'elle assaille nos frontières de toutes parts.

Quand nous avons perdu du poids et que nous voulons connaître la sécurité, il faut nous protéger contre ceux qui forcent nos frontières, contre ceux qui dérobent ce que nous souhaitons garder pour nous. Apprendre à développer des frontières saines est un complément important pour les gens qui adhèrent à un programme de recouvrance.

Pour ceux qui se sécurisent ou qui se consolent en mangeant, un régime alimentaire amaigrissant est une pure perte de temps. La moindre contrariété et ils risquent la rechute. Plutôt que de vous préparer à un nouvel échec, pourquoi ne pas saisir l'occasion d'essayer de combler vos besoins, d'apprendre à vous protéger efficacement.

Un excédent de poids est un problème complexe. Plusieurs personnes pensent que le gras disparaît automatiquement à mesure qu'elles apprennent à se protéger. D'autres considérations entrent malheureusement en ligne de compte. Quoi qu'il en soit, le développement des frontières humaines est essentiel à ceux et celles qui luttent contre leur compulsion alimentaire. Soigner son intérieur est une étape importante vers le changement de son extérieur.

À ceux qui ont des comportements compulsifs ou des problèmes de dépendance aux substances

Un comportement compulsif ou une dépendance à la drogue tient autrui à distance. Les paradis artificiels nous ferment aux requêtes des autres. Acheter de manière compulsive ou ne vivre que pour travailler constituent des moyens infaillibles pour tenir sa famille et ses amis (ainsi que tout ami potentiel) à l'écart de ses préoccupations.

Fermer sa porte aux autres amène le repli sur soi. Les dépendances aux substances et les comportements compulsifs isolent, empêchent d'évoluer, de vivre de l'intimité, d'affronter les vrais problèmes, de relever des défis qui font grandir, bref, de vivre pleinement sa vie. La distance engendrée par la dépendance ou la compulsion fait que vos enfants vivent au seuil de l'abandon, de la négligence. Croyez-le ou non, mais trop d'éloignement constitue en fait une violation de frontière. Si vous êtes loin de vos enfants, qui donc leur donnera de l'amour?

La recouvrance passe inévitablement par le développement de frontières saines et bien définies. Solidement établies, elles renforcent la sobriété et constituent une protection supplémentaire contre les rechutes. Quand on prend consciemment ses distances face à une situation qui nous obsède, on affaiblit le lien de dépendance qui nous y relie. Plus on acquiert de la sobriété, plus on comprend l'importance du mécanisme de distanciation. Notre sobriété progresse quand nous affrontons nos problèmes et défions notre peur de l'intimité. De solides frontières nous permettent de nous approcher des autres sans renoncer à notre propre individualité.

Je vous encourage à vous occuper du développement de vos frontières, à rechercher l'aide qui vous permettra de vous rétablir et de vivre sobrement, pleinement conscient.

◆ 11 ◆

Bien clôturer

Des frontières bien établies conduisent à des relations saines

Je souhaite la meilleure des chances à ceux et celles qui tentent d'assainir leurs frontières. Ce processus nécessite beaucoup d'attention et de soins. Un jour, dans un monde idéal, nous maîtriserons tous le mécanisme des frontières et personne n'outrepassera celles d'autrui. Mais, en attendant, il faut empêcher les intrusions, même celles des gens bien intentionnés.

Des frontières saines délimitent notre moi. Elles favorisent la recouvrance et contribuent à améliorer la santé physique et émotionnelle. Des frontières bien établies favorisent des relations saines.

La véritable intimité n'est possible qu'entre deux êtres distincts, deux personnes qui ont réalisé leur unité intérieure, qui respectent leurs frontières. L'enchevêtrement ressemble à de l'intimité, mais il n'en est rien. Comment peut-on être intime avec quelqu'un qui se fond en soi? L'intimité se développe à mesure que l'on apprend à se connaître l'un l'autre. Si l'individualité de l'autre est faible et instable, comment peut-on bien connaître cette personne? Que peut-on révéler de soi, quand le moi est chancelant?

En affermissant vos frontières, vous vous épanouirez. Si vous savez ce que vous voulez, vous pouvez mettre en branle les moyens pour l'obtenir. Si vous vous connaissez bien, vous pouvez vous investir dans ce qui est important pour vous. Les amis qui respectent vos limites passeront l'épreuve du temps. La véritable intimité prendra racine et fleurira.

Le poète avait donc raison, il faut « bien clôturer pour bien voisiner ».

La colère et vous

Un guide pour mieux composer avec les émotions issues de l'abus de substances

*B*ien que nous n'aimions pas l'admettre, nous nous mettons tous en colère — parfois nous nous sentons contrariés, exaspérés, irrités, pleins de ressentiment, même enragés. La colère est une émotion humaine, normale et saine. Cependant, apprendre à la reconnaître et à l'exprimer de façon appropriée est une autre histoire.

De façon chaleureuse, exempte de confrontation, La colère et vous amène les lecteurs à découvrir la source de leur colère et les formes qu'elle prend — tels la violence, la dépression, le ressentiment, la manipulation et le mur du silence.

Les auteurs explorent divers styles de colère et apportent ainsi des lignes directrices claires et sensées pour exprimer sa colère, surmonter ses «idées préconçues» et «confronter sans rancune». Leurs exemples tirés du quotidien, leurs conseils terre-à-terre pour transiger sans peur et sans culpabilité avec la colère — et sans blesser les autres ou soi-même — offrent aux personnes addictives, aussi bien qu'aux membres de leur famille et amis, un moyen pour passer à travers l'un des pièges les plus dangereux des débuts de la recouvrance (*recovery*).

AUTEURS : GAYLE ROSELLINI ET MARK WORDEN
TRADUIT ET PRÉFACÉ PAR : SUZIE ROCHEFORT
FORMAT 14 X 21,5 CM, 224 PAGES
ISBN 2-89092-244-8

Vaincre la codépendance

Ce livre vous rend la liberté

*L*e classique incontestable des livres de croissance personnelle. Comment cesser de voler au secours des autres en leur sacrifiant votre propre épanouissement. Un outil indispensable pour acquérir une compréhension de la codépendance, pour changer notre comportement et pour avoir une attitude nouvelle envers soi-même et envers les autres.

L'édition originale, *Codependent No More,* a été inscrite sur la liste des best-sellers de *Publishers Weekly* durant plus de 24 mois et sur la liste des best-sellers du *New York Times* durant plus de 4 ans.

**PLUS DE 3 MILLIONS
D'EXEMPLAIRES VENDUS
EN 7 LANGUES**

AUTEURE: MELODY BEATTIE
TRADUIT PAR: HÉLÈNE COLLON
COLLECTION HAZELDEN/CHEMINEMENT
FORMAT 14 X 21,5 CM, 312 PAGES
ISBN 2-89092-115-8

Savoir lâcher prise

« Un livre unique » de méditations quotidiennes

*L'*auteure revient aux éléments essentiels du cheminement pour vaincre la codépendance – nous permettre de ressentir toutes nos émotions, accepter notre impuissance et nous approprier notre pouvoir. Dans *Savoir lâcher prise*, Melody Beattie met l'accent sur la nécessité de porter toute notre attention sur les principes de la recouvrance.

Un livre de méditations pour vous aider à prendre un moment chaque jour pour vous rappeler ce que vous savez tous : chaque jour nous apporte une possibilité de grandir et de se renouveler.

L'auteure nous rappelle que les problèmes sont faits pour être résolus et que la meilleure chose que nous pouvons faire est d'assumer la responsabilité de notre souffrance et de notre préoccupation de soi.

AUTEURE : MELODY BEATTIE
TRADUIT PAR : CLAIRE STEIN
COLLECTION HAZELDEN/MÉDITATION
FORMAT 14 X 21,5 CM, 416 PAGES
ISBN 2-89092-195-6

Choisir d'être heureux

L'art de vivre sans condition

*« **J'**avais l'habitude de vivre dans un flot d'émotions telles des montagnes russes, et mes états d'âme étaient intimement liés aux événements de ma vie. Je me serais volontiers moquée de quiconque m'aurait affirmé que j'avais le choix d'être heureuse...*

« Mais depuis, j'ai appris que nous avons toujours le pouvoir de choisir entre deux points de vue fondamentaux. L'un perpétue nos croyances, nos attitudes et nos comportements défaitistes, alors que l'autre nous aide à les voir, à les comprendre pour enfin lâcher prise. »

— VERONICA RAY

De quoi avez-vous besoin pour être heureux? Vous dites-vous: *Je serai heureux quand...* ou *Je pourrais être heureux si...* ? Veronica Ray vous aide à choisir d'être heureux et à voir avec les yeux d'un cœur aimant plutôt qu'avec un ego sur la défensive. Vous y découvrirez de nouvelles façons de revoir des situations passées et ainsi tourner positivement les événements de votre vie.

AUTEURE: VERONICA RAY
TRADUIT PAR: CLAIRE STEIN
COLLECTION HAZELDEN/CHEMINEMENT
FORMAT 14 X 21,5 CM, 312 PAGES
ISBN 2-89092-223-5

Achevé d'imprimer chez
Marc Veilleux Imprimeur inc.,
à Boucherville,
en décembre mil neuf cent quatre-vingt-dix-neuf